CÉSAR CHABRUN

LA TACTIQUE FINANCIÈRE

ÉCONOMIQUE D'ABORD

LIBRAIRIE FELIX ALCAN

LA TACTIQUE FINANCIÈRE

ÉCONOMIQUE D'ABORD

CÉSAR CHABRUN

LA TACTIQUE FINANCIÈRE

ÉCONOMIQUE D'ABORD

PARIS
LIBRAIRIE FELIX ALCAN
108, BOULEVARD SAINT-GERMAIN, 108

Je me propose de décrire les étapes suivies depuis le début de la treizième législature pour remédier au malaise financier. J'essaierai de faire l'histoire critique des moyens employés, de marquer pour quelles raisons, le but, selon moi, n'a pas été atteint et d'indiquer enfin dans une partie constructive les méthodes qui me sembleraient efficaces.

Il est bien difficile de juger sans passion des choses politiques et pourtant, à l'heure où nous sommes, il importe de garder son sang-froid. Le choc tumultueux des idées et des hommes peut, à certains moments, avoir son utilité. Je ne le méconnais pas. En frappant deux silex l'un contre l'autre on obtient une étincelle. Mais on ne l'obtient pas toujours. Nous n'avons pas le temps d'attendre. Nous n'avons plus le cœur au jeu de l'escrime politique.

Est-ce à dire que nous devons renoncer aux partis ? Ce serait une lourde erreur. Chaque parti porte en soi une idée d'où découle une tactique. On ne peut se passer ni d'idée ni de tactique. Reste à savoir quelle expression on leur donnera.

Or, il faut le reconnaître, trop souvent nous nous sommes contentés d'un à peu près brillant mais par trop sommaire. Nous ne pouvons plus nous satisfaire de l'image d'Epinal si coloriée qu'elle soit. Nous devons aller à l'eau-forte. Que les amis de la vigueur se rassurent. L'eau-forte n'est pas une forme édulcorée de l'art. Il y faut de l'acide qui mord et qui brûle mais dont l'action est calculée sur l'effet à obtenir : la profondeur des noirs et la puissance de leur contraste avec les clairs.

Toute action politique doit comporter aujourd'hui une technique serrée d'exécution. Aucun groupement ne peut espérer le triomphe s'il ne s'est muni d'une armature scientifique permettant de traduire sa doctrine par des faits.

La méconnaissance de ce principe est peut-être la raison du moindre rendement parlementaire. On a bien prévu les mouvements de foule et d'opinion; on sait prononcer les paroles qui entraînent mais où sont les formules par quoi on réalise ?

Ce n'est pas d'aujourd'hui qu'elles nous manquent. Faute de les posséder, nous nous engageons dans des mauvais pas dont nous essayons de nous tirer par la cote mal taillée des concentrations. En temps ordinaire, il n'y a que demi-mal. L'action politique n'a pas besoin d'être profonde. C'est même pour cette raison qu'elle se contente d'être bruyante.

Il ne peut plus en être de même aujourd'hui. Le pays réclame qu'on le guide. Devant la complexité

des événements et les incertitudes de l'avenir, il hésite. Il sent que certaines manœuvres qui, à première vue, lui paraîtraient salutaires, peuvent être dangereuses. Il subit une crise dont la crise parlementaire n'est que le reflet.

Or examinez les éléments du problème. On vous dit qu'il est de nature strictement monétaire ? Allons donc ! Est-ce que la monnaie est autre chose qu'une résultante ? Ceux qui prétendent que le change est dominé par la spéculation font une erreur grossière et cèdent à la tentation facile de rejeter toute la responsabilité sur un ennemi à peu près insaisissable.

Ils tireront de là l'excuse de leur inertie.

Sans doute, la spéculation exerce une influence. Mais, comme les microbes pathogènes, elles n'agit que sur les organismes affaiblis. C'est le désordre de l'économie qu'enregistre un change défectueux. La question financière est avant tout une question de production et de répartition des richesses. C'est pour ce motif qu'elle est, au premier chef, une question politique.

N'allons donc pas nous imaginer qu'elle pourra être résolue par une émasculation des partis et en dehors des règles normales de la vie parlementaire, c'est-à-dire des méthodes qui, au fond, expriment le mieux les réactions d'un pays.

Qu'un parti ou qu'une coalition de partis homogènes apporte son programme ; ou bien on l'exécutera, et ce sera l'ordre ; ou bien on le repoussera et les adversaires des hommes au pouvoir viendront prendre la place pour appliquer leur programme propre : ce sera l'ordre encore. Mais un peuple qui flotte ou qu'on laisse flotter dans l'incertitude ne peut vivre qu'en état de malaise.

Il faut à tout prix éviter ce malheur.

Crémieu, octobre 1927.

I

LES MOYENS EMPLOYES

I

Préliminaires et faux départs.

La Chambre de 1919 s'était heurtée, à chaque instant, à des difficultés de politique extérieure toutes centrées autour de la question des réparations de l'Allemagne. Les esprits étaient tournés exclusivement vers la solution de ces problèmes si bien que les autres passaient au second plan. Cependant, jour par jour, le franc perdait de sa valeur depuis la rupture d'équilibre du printemps 1919 et la suppression, pratiquement effectuée, de la solidarité entre alliés.

Le dollar était coté 5 frs 70 et la livre 27 frs 15 au début de 1919. A la fin de 1920, on donnait le dollar à 16 frs 90 et la livre à 59 frs 08. Aux premiers mois de 1924 ils étaient parvenus réciproquement à 21 frs 43 et 91 frs 90; après quelques mois d'accalmie et de légère baisse ils allaient peu à peu atteindre le point où ils semblent arrêtés aujourd'hui. Ils le dépassèrent au cours de la crise de 1925-1926 et spécialement au moment aigu de cette crise, lorsqu'elle revêtit un caractère politique, en juillet 1926.

La législature de 1924 devait donc avoir comme première préoccupation l'étude et la recherche des solutions de la question financière.

A vrai dire, pendant les derniers mois de 1924, les questions de politique pure primèrent encore cette question. On liquidait le passé; des pourparlers comme ceux de Londres, l'application du plan Dawes, le pacte de sécurité attiraient tous les regards. Sans doute, M. Clémentel avait publié son inventaire; les socialistes agitaient le drapeau du prélèvement sur le capital; d'une façon générale, à à gauche, on édifiait des doctrines et des projets d'assainissement financier. On n'était pas encore passé à l'action.

Pendant ce temps la dette flottante, si maladroitement gonflée au cours des années précédentes, finissait par déborder comme un liquide d'un vase trop exigu.

Sans doute, à ce phénomène, la passion politique ne fut pas étrangère. Néanmoins la passion politique à elle seule serait, à mon sens, impuissante à déterminer les graves événements qui devaient ébranler la vie publique. Elle y aida; elle inculqua à ces événements un venin psychologique qui leur donna une allure de catastrophe, mais elle ne fit qu'aider. Depuis le régime François-Marsal et Lasteyrie, on pouvait prévoir la crise. Maintes fois elle n'avait été évitée que grâce à la complaisance d'établissements financiers.

Le cabinet Herriot ne fut pas admis au bénéfice de cette complaisance. Un jour, le Trésor fut vide.

Le poste des avances à l'Etat révélait un solde débiteur de quatre à cinq cents millions, la Banque avait dépassé de deux milliards, pour les besoins de la circulation, la limite légale d'émission. Comme on dit : le plafond était crevé. Il fallut recourir à l'inflation pour continuer les paiements de l'Etat et même pour subvenir régulièrement aux besoins du commerce.

Ce jour devait venir tôt ou tard. Jusqu'alors on avait vécu sur la formule du circuit fermé en vertu de laquelle les billets, mis en circulation pour les besoins du Trésor, lui revenaient sous forme de bons. La dette publique en était accrue mais les caisses, matériellement, étaient remplies. Le système obligeait à emprunter à jet continu pour des sommes au moins égales à celles qu'on dépensait et à rembourser les emprunts successifs par des emprunts nouveaux. Or, depuis 1923, le pouvoir d'emprunt de l'Etat avait fléchi. On était arrivé à saturation de crédit. A un moment, le circuit devait fatalement cesser de fonctionner. C'est ce qui arriva en avril 1925 lorsque le premier ministère Herriot dut quitter le pouvoir.

M. de Monzie, le nouveau ministre des finances, en même temps qu'il demandait une inflation de quatre milliards pour faire face aux dépenses immédiates et régulariser le poste de la circulation, proposait un système d'assainissement.

Que valait ce système ? Il était un essai atténué de prélèvement sur le capital, puisqu'il comportait un prélèvement volontaire, au moins à l'origine. Etait-ce autre chose qu'une brillante et rapide improvisation ? Qu'eût-il donné dans la pratique ? Nous n'avons pas eu le temps de le savoir.

M. Painlevé succédait à M. Herriot et il appelait aux finances M. Caillaux.

On n'était pas encore parvenu à l'ère des grands projets de réforme financière. Les partis s'étaient efforcés, il est vrai, d'en présenter mais le gouvernement possède seul les moyens de mener de tels projets à bonne fin et, jusqu'à présent, les gouvernements n'avaient pris aucune initiative véritable.

M. Caillaux allait le premier s'y essayer.

Avant de se lancer dans un plan d'ensemble, il avait l'obligation de faire face au plus pressé. Il présentait donc des projets fiscaux pour assurer, d'une façon certaine, l'équilibre du budget puis, à la fin du mois de juin 1925, un court projet de loi en quatre articles qui constituait une ébauche de système d'assainissement en même temps qu'il parait à l'immédiat.

Il s'agissait d'amorcer une œuvre d'assainissement qui devait comporter, d'abord, l'assainissement du budget par l'équilibre et l'ordre. En outre, on voulait attaquer la dette flottante et enfin remplir le Trésor pour le paiement des échéances prochaines.

Le ministre des finances demandait donc aux Chambres des pouvoirs d'investigation et d'enquête dans les diverses administrations lui permettant de s'informer directement sur les besoins des services publics et sur la possibilités de réformes et d'économies. Avec l'agrément du président du conseil, il pourrait ordonner lui-même des réductions sur les demandes de crédit présentées par ses collègues du cabinet.

C'était instituer une sorte d'hégémonie du département des finances sur les autres départements : la formation stratégique pour une orientation gouvernementale qui mettrait le problème financier au premier rang des préoccupations du cabinet.

Une augmentation d'avance de six milliards demandée à la Banque de France, c'est-à-dire une inflation nouvelle, donnerait une aisance suffisante à la Trésorerie ; enfin, pour résorber la dette flottante, ou au moins tenter de la résorber, le ministre des finances proposait l'émission d'un emprunt dont les coupons bénéficieraient d'une garantie de change.

On ne souscrirait qu'à l'aide de bons de la défense nationale. Le montant de la dette flottante serait arrêté à la somme restant après la conclusion de l'emprunt. On ne pourrait dépasser désormais ce montant que pour le règlement de la dette à court terme par voie de conversion en bons de la défense. Le taux de l'emprunt était de 4 % papier avec garantie que le papier correspondrait, au moins, au cours de

90 francs pour une livre. Si la livre montait au delà, le nombre de francs monterait proportionnellement avec elle. C'était une sorte de stabilisation de coupon.

Le procédé était ingénieux, il aurait même pu être utile dans un plan d'ensemble. Ainsi isolé il parut dangereux à certains esprits. N'allait-on pas créer, par le coupon de l'emprunt, une seconde monnaie préservée de la baisse que le billet de banque continuerait à subir ?

Certaines difficultés apparaissaient aussi. Quelle caution, par exemple, donnerait-on aux porteurs que leur privilège serait respecté ?

Toutes ces objections disparurent devant le fait que l'emprunt ne réussit pas. Son échec ne fut pas dû aux craintes du public sur la solidité des engagements de l'Etat, encore moins à la crainte de voir naître une nouvelle monnaie préjudiciable à la devise nationale. En réalité, M. Caillaux s'était trompé sur la psychologie des français. En financier de haut style, il prévoyait la baisse du franc ; il pensait, dès lors, que l'appât d'une garantie contre la dépréciation monétaire devait attirer et retenir un important contingent de porteurs de bons. Ils se gareraient de l'orage et, du même coup, la dette flottante serait résorbée pour une large part : toute celle qui ne correspondait pas à un placement éphémère de gens ayant usé du Trésor comme d'une banque de dépôts.

La dette flottante résorbée, le ministre poursuivrait son assainissement avec tranquillité puisque le cauchemar des remboursements massifs aurait été écarté.

Si l'on se reporte aux articles de presse parus depuis le début de la législature dans les journaux lus et inspirés par les possédants, il faut reconnaître que les prévisions de M. Caillaux concordaient avec la logique. N'affichait-on pas un pessimisme noir ? Ne vivions-nous pas sous le signe de l'évasion des capitaux et de la spéculation à la baisse de la devise ?

Et pourtant le raisonnement était faux. Le trouble des esprits n'existait qu'à la surface. Le français n'avait nullement perdu confiance dans sa monnaie. Il y avait même plus confiance que ne le comportait l'état des changes. On ne vit qu'une particularité dans ce nouvel emprunt : le taux de 4 % alors qu'on attendait 5 ou peut-être 6. Et ce fut la raison de l'échec.

M. Caillaux promettait, en outre, d'apporter rapidement un plan général d'assainissement. Il profita des vacances pour l'élaborer. Mais ses projets ne furent pas déposés.

A la rentrée des Chambres, M. Caillaux s'était retiré du ministère. M. Painlevé et M. Georges Bonnet avaient pris sa place rue de Rivoli.

Ils pensèrent que l'heure était enfin venue de donner au pays la charte financière qui garantît son avenir. Un grand projet fut mis sur pieds. On essaya d'y concilier les tendances des diverses fractions de la majorité. Tout d'abord, on esquissait une manœuvre de déflation par une contribution extraordinaire. Ce n'était pas le prélèvement sur le capital tel que l'avaient imaginé les socialistes. Son nom seul effrayait certains républicains. Il effrayait encore plus la masse bourgeoise du pays. — A vrai dire les gens qui répugnaient à faire le sacrifice de 10 % de leur fortune, à supposer que ce sacrifice fut techniquement possible, acceptaient de gaîté de cœur de voir le franc baisser de plus en plus. Ils perdaient davantage mais ne sentaient pas leur perte parce que l'arithmétique de leur caisse n'avait pas été modifiée.

On tenait compte de leur état d'esprit en substituant au prélèvement sur le capital une contribution exceptionnelle temporaire qui devait en tenir lieu. Cette cote mal taillée comportait des inconvénients; néanmoins ne pourrait-on pas l'accepter ? La besogne d'assainissement paraissait urgente. Elle l'était en effet; il ne fallait pas se montrer trop difficile sur les moyens.

On avait pensé aussi à l'amortissement. Comme mesure préliminaire, on aménageait les échéances imminentes de la dette à court terme et l'on prenait des mesures pour consolider cette dette.

On créait pour la gestion et l'amortissement de la dette à court terme et de la dette flottante une caisse dite « d'amortissement » sur la conception de laquelle des réserves pouvaient être faites mais qui paraissait, néanmoins, susceptible de rendre des services.

Le projet ne représentait certes pas l'idéal et les techniciens avaient, à juste titre le droit d'y demander des retouches. Néanmoins, il était politiquement acceptable puisqu'il traduisait, à peu près, la moyenne des idées financières de la majorité. Pratiquement, il pouvait servir de point de départ pour des opérations futures et il apportait un commencement de solution au problème monétaire.

Sur la question de la prorogation des échéances de la dette à court terme, à quelques voix, le texte sombra devant la Chambre; le ministère avec lui. Sa chute devait dévoiler d'ailleurs l'état précaire de la Trésorerie et la nécessité d'une nouvelle inflation.

M. Briand prend le pouvoir. Il confie le portefeuille des finances à M. Loucheur.

Puisque la Chambre n'a pas voulu du projet Painlevé, le nouveau ministre des finances va essayer d'un autre système. Quittant, pour un moment, le problème de l'assainissement proprement dit il va, par des projets purement fiscaux, s'efforcer d'atteindre l'équilibre budgétaire d'une façon définitive. Toutefois, il n'oublie pas que la besogne fiscale serait vaine si l'on ne songeait pas à l'assainissement. Mais il veut se donner le temps d'y réfléchir, d'y préparer l'opinion et d'en étudier les moyens.

La première condition de cette étude est la tran- quillité d'esprit. Un ministre des finances ne peu l'avoir que s'il est sans inquiétudes au sujet de la Trésorerie. M. Loucheur pourvoit aux besoins du Trésor par une inflation nouvelle, nécessaire puisque le Parlement n'a pas accepté les mesures proposées pour régler l'échéance prochaine des obligations à court terme. Il obtient, en outre, le vote d'impôts exceptionnels qui alimenteront, pour les six mois à venir, les caisses de l'Etat d'une manière suffisante. On aura ainsi le temps d'agir sans précipitation.

Ce sont les fameux impôts dits rétroactifs qui furent en leur temps si impopulaires mais qui, ce- pendant, ont procuré au pays cet avantage de le dis- penser de toute inflation directe nouvelle. Plût au ciel qu'on eût profité du répit qu'ils procuraient pour arriver à éclaircir la situation d'une façon dé- finitive.

La commission des finances, ayant repoussé les projets fiscaux, M. Loucheur se retira pour faire place à M. Doumer.

La majorité sentit alors qu'on risquait de traîner sur des projets et de recommencer, sans plus, la course à l'équilibre budgétaire, à peu près illusoire sous le régime d'une monnaie vacillante. M. Doumer ne semblait pas disposé à proposer d'autre solution que celle de l'impôt. Ce n'est qu'une solution de fa- cilité, parfaitement inefficace, surtout lorsqu'on recherche en faisant appel aux impôts de consommation. C'était le cas.

L'annonce de la création d'une caisse d'amortissement, devenue désormais rituelle dans tout projet financier, ne suffisait pas pour donner les apaisements nécessaires.

Des groupes de gauche : socialiste, républicain socialiste et radical se concertèrent donc et résolurent de confier à quelques commissaires pris dans leur sein la tâche de mettre sur pied un projet fiscal ou projet d'équilibre et un projet d'assainissement. Le premier seul devait voir le jour. Le second fit l'objet de discussions approfondies mais il fut inutile de le publier puisque le projet d'équilibre avait échoué nous verrons de quelle manière.

Selon les tendances, on a loué ou blâmé cette initiative. Disons simplement qu'elle porte en soi sa justification. Chaque député, pris individuellement, et chaque groupe n'ont-ils pas le droit de formuler des propositions de textes législatifs ? Et si des groupes, voulant s'entendre entre eux pour proposer des textes susceptibles d'entraîner leur adhésion collective, délèguent quelques-uns de leurs membres pour en élaborer la rédaction, qu'y-a-t-il là qui puisse choquer la logique la plus saine et qui soit de nature à entraver le jeu des institutions parlementaires ? L'activité d'un Parlement doit nécessairement aboutir, en tout état de cause, à un vote, c'est-à-dire à un accord sur un point déterminé. Préparer cet accord, ce n'est pas troubler, c'est organiser le travail par mentaire.

A l'égard du Gouvernement, l'action du com fiscal ne marquait aucune méfiance et ne constitu aucun piège. N'est-il pas, en effet, d'une élémenta loyauté, d'indiquer aux hommes au pouvoir sur que base l'accord peut être fait entre eux et leur maj rité ? Non pas, naturellement, sans aménagemen possibles, — tous les perfectionnements n'auraie pas manqué d'être acceptés avec empressement, mais à la condition qu'on ne s'écartât pas trop de ligne générale tracée et qu'on restât dans une do trine déterminée.

Il existe, en effet, une doctrine financière à laquell à tort ou à raison, les républicains de gauche so attachés. Ils eussent été coupables de ne pas l'expr mer alors que, successivement, trois ministres de Finances avaient dû abandonner le pouvoir pour n' voir pas eu l'heur de réunir une majorité sur les pr jets qu'ils apportaient à la Chambre.

Et certes, on comprendra les hésitations en pareil manière. C'est l'avenir même du pays qui est en je Proposer des solutions implique de la part de ce qui les proposent, une étude approfondie de la situ tion et une compréhension aussi parfaite que po sible de la crise à résoudre. Il faut vaincre les scr pules qui paralyseraient l'action et avoir le courag d'envisager les formules dont on espère le salut.

Notre situation financière n'est que le miroir d'un

situation économique troublée. Depuis la guerre, nous vivons sur des illusions ; et, comme d'autres nations — car notre cas n'est pas isolé — nous commettons des erreurs qui déterminent pour une large part le déséquilibre. A cette époque, il s'agissait du déséquilibre des changes lequel rend impossible l'équilibre du budget.

C'est de bonne foi que les citoyens français se trompent. Le législateur a, pour premier devoir, en de telles circonstances, d'établir des lois qui forcent les français à déchirer les voiles tendus devant eux et à regarder certaines vérités en face. On s'apercevrait peut-être alors que le mal n'est pas aussi grand qu'on le pense et qu'avec du courage et de l'habilité technique on peut en venir à bout.

Ces lois indicatrices et réformatrices ne sont autres que les règles d'assainissement financier. On le sentait vaguement et empiriquement jusqu'alors. On répétait les mots : assainissement, équilibre, sans peut-être leur attribuer leur sens plein. L'œuvre des groupes de gauche eut pour résultat de donner corps à un système qui, au point de vue de la méthode, paraissait bien construit. L'assainissement et l'équilibre, qu'on avait jusqu'alors envisagés séparément, étaient considérés comme indisociables. Pas d'assainissement sans équilibre et pas d'équilibre sans assainissement. On n'aurait donc atteint le but que si les moyens proposés permettaient de réaliser l'un et l'autre.

Pour commencer, épousant la manière du gouve nement et le suivant sur son terrain, le comité fina cier mit sur pied un texte tendant à équilibrer le bu get : équilibre purement formel, on le savait, qui se rait bouleversé si l'assainissement n'était pas pou suivi en même temps car les caprices du change dé routeraient vite toutes les prévisions.

L'assainissement étant le but final ne devait ja mais être perdu de vue et dans les aménagements fis caux on tenait compte du principe qu'un impô excessif se dévore lui-même et que certains impôts qui précisément ont une répercussion sur les prix, n sont en réalité que des générateurs d'inflation. O plutôt qu'ils sont une des formes de l'inflation.

Il fallait tout d'abord, il est vrai, aveugler la voi d'eau signalée, soit un déficit d'un peu plus de quatr milliards, par des économies et par l'aménageme judicieux des impôts existants qui permettraie d'obtenir un maximum de ressources sans avo besoin de faire appel, pour une part importante à des impôts nouveaux.

Assainir la finance ne comporte-t-il pas, au pre mier chef, un assainissement de la fiscalité ? Les im pôts existants rendent-ils ce qu'ils devraient rendre Certainement non. Pourquoi créer des impôts nou veaux, avant d'avoir obtenu ce qu'ils peuvent donne des impôts anciens ? De même, a-t-on le droit de demander au contribuable de nouveaux efforts si le compressions nécessaires n'ont pas été opérées ?

Les économies d'abord.

On se contenta d'en indiquer le principe dans le texte déposé et de les évaluer. Les membres du comité fiscal avaient élaboré un programme. Ils n'avaient pas voulu le traduire en articles de proposition pour ne pas préjuger de l'œuvre gouvernementale et empiéter sur les droits de l'Exécutif mais leurs suggestions étaient toute prêtes. La poursuite des économies devait d'ailleurs être continue. Une commission dans chaque canton était instituée qui aurait, sur ce point, à donner constamment son avis au ministre des Finances.

Pour les impôts, on s'était préoccupé avant tout de la justice fiscale. Ce sont les fraudeurs et les déserteurs de l'impôt qui obligent à fixer les taxes à des taux qui grèvent souvent les contribuables honnêtes ; si bien que celui qui ne paie pas l'impôt qu'il doit, vole à la fois l'Etat et ses concitoyens respectueux de leur devoir fiscal. Si chacun payait ce qu'il doit, le taux des charges pourrait être diminué. Que proposait-on pour réformer les divers impôts ?

D'abord l'impôt général sur le revenu.

On sait que les moins values de l'impôt général sur le revenu proviennent de l'absence de déclaration et d'évasion produite par la non déclaration du revenu des valeurs mobilières. La cédule des valeurs mobilières rend mathématiquement ce qu'on en attend puisque le coupon est frappé au moment où on le touche. Mais sur dix milliards de francs que rapportaient alors annuellement ces valeurs, cinq milliards seulement apparaissent à la déclaration d'impôt général sur le revenu. Les abattements à la base ne justifient pas un tel déchet.

Ces constatations indiquent quelle orientation devrait prendre le comité pour suivre sa méthode. Il établit des mesures pour obliger le contribuable quel qu'il soit, à la déclaration d'impôt général sur le revenu même si cette déclaration doit être négative. Il faut, en effet, que les contrôleurs puissent dresser la statistique des contribuables. Les citoyens qui n'auraient pas fait leur déclaration ne recevront pas la carte d'identité remise aux déclarants, à titre de récépissé et nécessaire pour l'inscription sur les listes électorales et l'accomplissement de tous les actes de l'état civil. De graves sanctions pénales sont édictées pour punir les déclarations mensongères. L'impôt devra être payé par trimestre.

D'autre part, une diminution de 30 % pour les revenus du travail et une diminution de 20 % pour les revenus mixtes sont envisagées. Enfin on augmente l'impôt forfaitaire que doivent payer les étrangers au titre de l'impôt global sur le revenu.

Passons aux cédules.

Celles des bénéfices industriels et commerciaux comporteront un paiement à forfait jusqu'à 300.000 francs de chiffres d'affaires. Au-dessus de cette somme, la déclaration du bénéfice réel est obligatoire, avec tenue d'une comptabilité permettant les vérifications. Les sociétés, dans tous les cas, doivent déclarer le bénéfice réel.

La cédule des professions libérales, où l'évasion fiscale s'est manifestée dans une large mesure, est soumise au contrôle d'un jury d'équité dans lequel siégeront les différents représentants des contribuables.

Quand aux bénéfices agricoles, on abandonne le système de l'assiette actuelle et des coefficients dont la rigueur conduit à la fois à des injustices et à un moindre rendement. Ils seront déterminés par l'évaluation annuelle de commissions locales qui fixeront par nature des cultures, par catégories et par régions, le bénéfice moyen à l'hectare. Le contribuable pourra toujours contester cette évaluation en excipant de son revenu réel. Et d'ailleurs, à partir de 40.000 francs de bénéfices, c'est le revenu net réel qui seul sera pris en considération. Il est bien entendu qu'un abattement à la base est prévu.

Comme complément de ces diverses mesures, une amnistie fiscale est ordonnée et un renforcement du contrôle organisé.

Pour éviter l'évasion dans la déclaration d'impôts sur le revenu, le titre au porteur est supprimé et remplacé par un titre transmissible par endossement, la mention des divers porteurs étant centralisée à l'établissement émetteur du titre et fournie au contrôleur du domicile de l'intéressé.

Pour éviter l'évasion de l'impôt successoral, on recours à la formule bien connue mais combien r doutée, hélas ! de l'Etat héritier. C'est-à-dire qu'o donne à l'Etat le seul moyen efficace d'obtenir paiement de l'impôt, puisqu'il sera partie à la suc cession et pourra contrôler sa liquidation.

J'arrive aux ressources nouvelles.

L'impôt sur les opérations de bourse est augmen sauf en ce qui concerne les valeurs d'Etat. On pr voit également une taxe à l'exportation de 3 % pou les denrées alimentaires et de 2 % pour les autr produits. En effet, la baisse du change permet au exportateurs de pratiquer des prix bien inférieu au prix mondial. L'étranger essaie de compens la différence par des taxes d'entrée. Ne vaut-il p mieux taxer à la sortie et faire ainsi bénéficier trésor français de tout ou partie du prélèveme effectué par les pays étrangers ?

On envisage aussi une accélération dans la rentr de l'impôt sur les bénéfices de guerre tout en org nisant un système qui permette d'accorder des déla aux contribuables intéressants.

Pour terminer, la proposition amorce une réform du contentieux des contributions indirectes.

En fin de compte, sans presser le contribuab de nouveaux impôts mais en lui demandant exact ment et strictement ce qu'il doit on a trouvé moyen, en chiffrant au plus bas les évaluatio d'équilibrer le budget. On a eu soin, égalemen même pour l'impôt global sur le revenu, d'aménager les ressources de façon qu'elles arrivent au Trésor progressivement dans toute la mesure compatible avec la nature des contributions. On répondait ainsi, pour l'impôt direct, à la formule alors en cours : « l'argent de suite » avec autant de souplesse que s'il se fût agi de l'impôt indirect. Toutes les précautions étaient prises pour satisfaire aux besoins immédiats, sans recourir à l'impôt de consommation.

Tels étaient, dans leur ensemble, les règles préconisées. L'accueil fait par le public à cette proposition semblait indiquer que les contribuables accepteraient volontiers un tel système au moins dans son ensemble. Il incita la commission des finances à le prendre comme base de préférence au projet gouvernemental et le texte, après maints remaniements, il est vrai, fut présenté à la Chambre.

Que fit le gouvernement ?

Au lieu de soutenir son propre projet, ce qui eût paru logique, ou d'adopter la proposition des gauches, ce qu'on eût compris également, il se déclara neutre. La Chambre était libre d'agir comme elle l'entendrait.

Une telle carence devait inévitablement conduire à un échec. Le vote d'une loi fiscale nécessite, en effet, un certain courage de la part d'une majorité. Ce courage doit être soutenu par l'action gouvernementale et, au besoin, la question de confiance posée, permet aux hésitants d'invoquer, auprès de leur électeurs, une excuse absolutoire.

Laissée à elle-même la Chambre amenuisa le texte au point de le rendre inopérant. D'ailleurs la crise de majorité sévissait déjà. Le cartel ne possédait plus sa cohésion d'autrefois. Non seulement la gauche radicale mais une partie du groupe radical-socialiste et du groupe républicain-socialiste lâchait pied. Cependant on ne voulait pas davantage acquiesser au projet du ministre des finances, tant et si bien que le tout fut terminé par un aboutissement au néant et à la démission de M. Doumer.

II

M. Raoul Péret.

M. Raoul Péret prit le portefeuille des finances. Il obtint d'une majorité modifiée, qui tendait déjà vers la concentration, le vote de la loi du 4 avril 1926. C'était un texte analogue à celui qu'avait présenté M. Doumer. Il ne s'agissait pas d'une loi d'assainissement mais d'une loi de ressources fiscales : les pires de toutes puisqu'elles comportaient, pour une large part, des impôts de consommation conduisant, à peu près fatalement, à l'appauvrissement de la Trésorerie et à l'inflation.

L'effet ne se fit pas attendre.

Je ne puis me souvenir sans une amère mélancolie des exhortations que les membres du gouvernement ou leurs délégués adressaient aux parlementaires de la majorité en faveur des projets fiscaux de M. Raoul Péret. Voter pour le gouvernement, c'était sauver le franc. Equilibrer le budget tout était là ! La livre n'attendait que l'heure de l'équilibre pour rentrer dans le devoir et marquer, par une baisse, la satisfaction du monde entier.

Même des hommes d'une haute compétence, étrangers aux passions politiques, s'étaient laissé gagner par la mystique ambiante. Aucun doute sur le succès. Et c'est pour cette raison que, dans certains milieux républicains, on acceptait de gaîté de cœur une aggravation de l'impôt sur le chiffre d'affaires.

Lorsqu'on opposait aux affirmations si nettes, en faveur du système gouvernemental, les raisons qu'on avait de faire des réserves; si on expliquait comment, dans la situation actuelle, la question du change n'était pas si intimement liée qu'on le croyait à l'équilibre, purement formel d'ailleurs, du budget de l'Etat; c'est tout juste si on ne vous considérait pas comme un mauvais français.

Il fallut vite déchanter. Les impôts votés, le budget équilibré, la livre montait néanmoins. Le français moyen n'en revenait pas !

Et voici que les impôts nouveaux produisaient déjà leur effet nocif. Le bilan du 8 avril de la Banque de France indiquait une circulation supplémentaire de 723 millions de plus de billets.

Comme l'Etat n'avait pas eu besoin de demander un sou aux avances qui restaient au point où les avait laissées le bilan précédent, il s'agissait de besoins commerciaux sans contestation possible.

Le phénomène ne pouvait guère être interprété que par une hausse des prix obligeant le commerce à se procurer un plus grand nombre de billets pour opérer les transactions.

La circulation avait passé de 51 milliards et demi à près de 53 milliards alors que le plafond était de 58 milliards.

Le bilan du 15 avril fut particulièrement favorable. L'Etat avait remboursé 600 millions aux avances. On pourrait conclure qu'un nombre équivalent de billets serait retiré de la circulation. Mais, en fait, 400 millions seulement avaient pu rentrer dans la caisse. C'était donc un appel nouveau de 200 millions de billets qui avait été fait par le commerce. Cette situation est un peu redressée par le bilan du 22, et c'est ce qui explique, peut-être, la détente des changes a cette date; mais d'ores et déjà on peut dire que le type d'impôts, choisi pour l'équilibre, était jugé.

D'ailleurs, pour quiconque examinait la situation française dans son ensemble, il apparaissait que tous les dogmes économiques et financiers avaient fait faillite et étaient allés rejoindre l'idole antique de l'étalon or. Le temps des formules faciles était passé, il fallait adopter des tactiques nouvelles et ne pas reculer devant les analyses délicates que nécessite une monnaie sortie de normes anciennes et une économie nationale déréglée.

Si l'on se référait aux formules classiques, c'est la livre qui avait tort. Songez : le budget était en équilibre; le Trésor remboursait sagement des tranches d'avances à la Banque de France; la balan du commerce extérieur était moins défavorab qu'autrefois; et pourtant la livre montait, elle deva monter encore. *Eppur si muove* ! Voilà le fait.

N'aurait-il pas fallu chercher ailleurs ?

Equilibrer le budget est une œuvre pie, mais recherche de l'équilibre n'est guère qu'un ges vain lorsque la monnaie nationale subit des varia tions constantes dans le sens de la baisse. Il faut, e effet, pour trouver l'équilibre, chiffrer le déficit frapper le contribuable d'une somme d'impôts co respondante.

Mais comment chiffrer le déficit quand, au mo ment de fixer la somme des dépenses, on ne pe avoir l'idée de leur ordre de grandeur à l'époque o on devra les solder. Cet ordre de grandeur dépe de la valeur du franc au jour des payements.

D'autre part, la nature de l'effort qu'il faudra d mander au contribuable doit être logiquement te qu'elle n'influe pas elle-même sur la monnaie en dépréciant. On conviendra, dès lors, que, si les impô demandés ont pour conséquence de faire baisser devise nationale, c'est-à-dire monter le change, geste qu'on aura accompli deviendra nocif et q le budget, ainsi établi, portera en lui-même probabilité sinon la certitude d'un déficit; si bi que l'effet psychologique que l'on attend d'un équ libre, au moins nominal, aura grande chance d'ét manqué.

On dit : à partir du jour où vous aurez donné l'impression que le compte d'exploitation de l'État est en balance, on fera confiance à la devise nationale et l'on n'ira plus chercher contre elle un refuge près des devises étrangères ; le change baissera ou du moins tendra à devenir stable et les périls de la dépréciation monétaire seront écartés. Ce raisonnement vaudrait si les acheteurs de devises étrangères n'étaient que des spéculateurs ou exportateurs de capitaux. Je n'ignore pas qu'on a coutume d'imputer tout le mal financier à ces deux catégories pour lesquelles je n'ai pas besoin de dire que je professe l'universelle antipathie. Mais croyez-vous qu'il suffise de charger le bouc émissaire des péchés d'Israel et de le chasser dans le désert sous la malédiction du peuple pour faire cesser le mal dont souffre le peuple ? Encore est-il que nous n'arrivons pas toujours à chasser le bouc émissaire et qu'après tout il n'est pas de taille à supporter le poids de toutes les fautes qu'il faudrait expier.

Je crains qu'en s'hypnotisant sur la race détestable des spéculateurs et des déserteurs de la devise nationale on ne cède, en réalité, à la crise de facilité, c'est-à-dire qu'on se donne à soi-même le moyen commode de ne pas chercher autre chose.

Il n'y a pas que les spéculateurs et les exportateurs de capitaux qui pèsent sur le franc. Je dirai même qu'ils pèsent moins sur lui que les besoins réels de notre économie désaxée. On cherche par les devises appréciées à trouver un équilibre qui nous manque et dont nous avons besoin pour la bonne marche des affaires.

Mais d'où vient le déséquilibre ? Pour une large part du fait que nos prix ne sont pas plus en harmonie avec les prix mondiaux, qu'avec les nécessités d'une politique d'assainissement. En fait, ils évoluent au hasard ; à moins que notre commerce, s'il poursuit le prix mondial, le fasse par la hausse continue. Mais la hausse déprécie la monnaie, la vide de sa substance, nous éloignant du prix mondial au lieu de nous en rapprocher. Je le montrerai. La gêne imposée au consommateur aura donc été inutile et n'engendrera qu'une gêne plus grande. C'est l'inflation de la misère.

Les prix poussent la monnaie jusqu'au jour où ils la crèvent. C'est par les prix qu'est morte la monnaie allemande ; c'est à cause des prix que la monnaie belge n'a pu être relevée en février 1926, et si l'Angleterrre n'avait étayé l'établissement de l'étalon-or par des prix équilibrés, la livre, qui ne contient pas plus de substance magique que les autres monnaies, n'aurait pu tenir le sommet où on l'avait placée. Je reviendrai en détail sur tous ces points.

Que penser dès lors d'une politique qui pour atteindre l'équilibre du budget dont on espère une modération de la fièvre des changes, fait appel à l'impôt sur le chiffre d'affaires lequel, plus spécifiquement que tout autre, exerce une influence sur la hausse des prix ?

Je veux bien que les possesseurs de stocks s'en réjouissent et espèrent par là s'enrichir en maintenant des prix élevés. C'est une illusion. Ils n'ont pas plus que d'autres citoyens intérêt à l'anémie de la monnaie. Leur gain immédiat masquerait une ruine prochaine. Quand l'inévitable tempête aurait soufflé sur leur château de carte, il serait trop tard pour éprouver le remords de l'avoir édifié.

L'impôt de hausse, c'est le ver dans le fruit. Voici comment il opère son œuvre de destruction : les prix montent, il faut plus de billets pour financer les affaires ; on en demande à la Banque de France qui les donne contre effets de commerce. Mais ce n'est pas à la Banque seule qu'on va demander des disponibilités. Ceux qui n'ont pas d'effets de commerce à faire escompter ou qui en ont insuffisamment retirent des banques les billets que représentent les sommes portées à l'actif de leurs comptes courants ou demandent le remboursement de ceux qu'ils ont remis à l'Etat contre des bons de la défense nationale

C'est le Trésor qui fera les frais de l'une ou de l'autre des opérations. On sait, en effet, que l'argent déposé dans les banques, de succursales en sièges centraux ou de petites en grandes banques, finit par entrer au Trésor sous forme de dépôt au même titre que l'argent investi en bons de la défense nationale.

Lorsque la Trésorerie est vide, il faut ou fermer les guichets des caisses publiques ou demander de nouvelles avances à la Banque de France, c'est-à-dire recourir à l'inflation.

Et l'aventure que nous vivions alors comporte cette amertume qu'on avait osé demander au Parlement, pour éviter l'inflation et en l'en menaçant, le vote d'une taxe qui y conduit. Quelle pression n'a-t-on pas exercée sur une opinion candide en spéculant sur le fait qe les gens de la masse ne sauraient évidemment pas lire le bilan de la Banque de France et se rendre compte que les besoins de la Trésorerie n'étaient pas immédiats ?

J'ai l'impression que le gouvernement, aidé par une minorité dont les abstentions, sur l'article fatal, firent une majorité, a fabriqué inconsciemment une nouvelle planche à assignats dans la nuit du 31 mars au 1er avril. Il me semblait pendant cette séance voir passer devant moi la file des aveugles du tableau de van Breughel.

M. Raoul Péret fut bien obligé de reconnaitre que sa politique d'équilibre n'avait aucune influence sur les changes. Pour les faire plier il les attaqua directement en agissant sur le marché à l'aide de dollars de l'emprunt Morgan.

Je me garderai bien de nier l'utilité de la quinine,

Par l'apaisement qu'elle procure, elle permet à l'organisme de se fortifier contre le mal. Mais elle ne détruit pas le mal et, si l'on se borne à son seul effet, on risque d'être victime d'une grave illusion : la même qui résulterait de l'emploi d'un thermomètre faussé. L'antithermique ne vaut guère plus que l'anesthésique. Il est utile, parfois même nécessaire, mais il ne dispense pas de recourir au remède véritable.

Agir sur les changes par des moyens cambistes c'est employer la quinine pour calmer la fièvre du marché. Avec cette différence cependant que la quinine obtient à peu près sûrement un résultat tandis qu'il est beaucoup moins certain qu'on puisse faire baisser les changes et les maintenir à l'étiage voulu. Au premier moment, sous le coup de la surprise, ils cèdent, il est vrai, mais peu à peu ils se tendent à nouveau et, si l'on insiste, le marché risque d'absorber en pure perte un médicament qui coûte particulièrement cher et qu'on ne trouve peut-être plus dans le commerce. La Bourse est « poreuse » me disait à cette époque un éminent financier. Eh ! oui. Elle engloutissait les dollars aussi facilement que le sable du désert filtre une averse. Il est facile de se rendre compte pourquoi.

Jetons les yeux sur la cote du report, on verra qu'à la date du 4 juin 1926, par exemple, il est au minimum, pour la livre, de 2 frs 50 pour le premier mois, de 2 frs 16 par mois pour le deuxième et le troisième. Ce qui signifie que les acheteurs de livres, demandant à ne prendre livraison que dans trois mois, le délai normal des effets de commerce, étaient obligés de payer à leurs vendeurs une prime minimum de 6 frs 82.

Il existait donc des besoins de livre dont on ne pouvait régler immédiatement la dépense et dont on devait assurer la livraison retardée à des conditions onéreuses. Partant, les vendeurs de livres étaient les maîtres. Rien d'étonnant que les cours fussent tendus.

Quel était dès lors l'effet de l'intervention de l'Etat ? Elle pouvait retarder la hausse et c'est déjà un résultat appréciable, mais il lui était difficile de « remplir le marché », selon l'expression consacrée, c'est-à-dire d'étancher la soif des demandeurs de devises. Il eût fallu combler deux gouffres. L'un dont on connaissait à peu près l'amplitude, l'autre qu'il était difficile de mesurer.

Le premier avait été creusé par le déficit de la balance commerciale. Pour les quatre premiers mois de l'année, il était de l'ordre de grandeur 60.000.000 de dollars environ, soit plus de deux milliards de francs. Le second, c'était la crevasse ouverte par l'évasion des capitaux. Qui pourrait en apprécier la profondeur mouvante ? Or, au lieu d'arrêter les déserteurs du franc, l'intervention du Gouvernement risquait de faciliter leur désertion par les avantages d'un cours moins élevé, obtenu par le sacrifice des dollars de la masse de manœuvre.

Les conditions eussent été tout autres si la livre eût été en déport, c'est-à-dire si le vendeur de livres avait été obligé de payer une prime à l'acheteur pour obtenir un répit dans la livraison. On se fût trouvé ainsi devant une position spéculative d'une fragilité certaine. Une masse de dollars ou de livres jetés sur le marché aurait déterminé la débâcle immédiate des spéculateurs.

Lorsqu'au début de 1924 on attaqua les devises appréciées qui étaient en déport ou pouvaient facilement y être mises, le résultat ne se fit pas attendre. Il dépassa même la mesure. L'opération laissa, d'ailleurs, une marge appréciable de bénéfices, les ventes de l'Etat ayant été suivies de rachats en baisse.

On peut tout se permettre en cas de déport. En cas de report il convient d'être circonspect. On doit jalousement veiller, en effet, à ne pas gaspiller les précieuses munitions dont il faut faire usage.

Lorsque dans le public on parlait de la fameuse masse de manœuvre, on avait tôt fait d'en décider l'usage. De même, pendant la guerre, les stratèges en chambre ordonnaient des plans de bataille et pulvérisaient l'ennemi par des offensives foudroyantes. C'était beaucoup moins simple sur le terrain.

Pour estimer la valeur de notre masse de manœuvre, examinons à quel titre nous la possédions et à quel prix.

L'emprunt *nominal* de 100 millions de dollars, en fait de 89 millions comme on verra plus loin, renouvelé pour vingt-cinq ans par la Banque Morgan en 1924, a été viré au compte de la Banque de France en vertu de la convention du 22 décembre de cette même année. C'est donc la Banque de France qui en était propriétaire sous les réserves suivantes :

Elle nous a crédités, à raison de 5 frs 18 par dollar et l'Etat, conformément à l'article 3 de la Convention, a appliqué ce crédit à la réduction des avances. On a ainsi payé une part des 1.200 millions que nous devions verser, à ce titre, le 31 décembre 1924. La Banque pouvait être autorisée à disposer des dollars acquis par elle mais elle devait nous faire ristourne pour chaque dollar vendu, de la différence entre le pair, soit 5 frs 18, dont elle nous avait crédités, et la valeur en Bourse du dollar au jour de la vente. Les intérêts produits par les dollars non employés étaient versés au compte de l'Etat. D'autre part, enfin, l'Etat se réservait de réclamer, à tout moment, les dollars disponibles en les payant au prix de cession à la Banque, soit 5 frs 18 l'un. C'est de cette faculté qu'il usa pour sa manœuvre sur les changes.

J'ai dit qu'il s'agissait d'un emprunt *nominal* de 100 millions de dollars. Nominal seulement, en effet. L'emprunt Morgan a été émis à 94 % et la commission prélevée sur le produit a été de 5, 32 %. Si bien que c'est une somme de 89 millions et non pas de 100 millions de dollars qui a été inscrite à notre crédit par la banque Morgan, cette somme portant intérêt à 7 %. L'intérêt des dollars non employés nous était ristourné par la Banque mais le contribuable français devait faire les frais du surplus jusqu'à concurrence de la somme nominale puisque, ayant touché 89 millions de dollars, nous étions débiteurs pour 100 millions.

De plus, l'emprunt était remboursable en vingt-cinq annuités égales, à 105 *dollars pour* 100 *dollars nominaux*. Nous avons ainsi versé en 1924, sans compter les intérêts, 4.200.000 dollars représentant la tranche (1/25) des 89 millions de dollars versés, plus 640.000 dollars, pour parfaire le paiement de la tranche nominale de 4.000.000 de dollars et payer la prime de 5 %.

L'emprunt Morgan était donc un emprunt onéreux. Quelle imprudence de le risquer ainsi sur le marché.

On sait comment finit l'aventure. Lorsqu'au temps du second ministère Herriot la Trésorerie fut complètement vide, on abandonna à la Banque de France, en toute propriété, au cours moyen de 33 frs. le dollar, les trentes millions de dollars qui restaient et la Banque crédita le Trésor de 771 millions de francs, qu'elle fabriqua d'ailleurs pour la circonstance, si bien que l'opération ne lui coûta rien.

L'Etat pour se débarrasser du souci des échéances d'amortissement, vient de consolider sa dette à l'aide des laissés pour compte de l'affaire des allumettes. Pour lui, pratiquement, l'emprunt Morgan s'est envolé en fumée.

III

De M. Caillaux à M. Herriot.

Ces diverses péripéties devaient conduire à la chute du ministère. M. Briand forma le nouveau cabinet.

M. Caillaux est aux finances.

La combinaison ne manque pas d'habilité. Un technicien de cette envergure secondé par des hommes comme Piétri, Duboin et Dutreil, alors que Nogaro a pris le portefeuille de l'Instruction publique, ne va-t-il pas apporter, enfin, les solutions hardies que le centre de l'assemblée accepterait à cause de la présence de ses hommes dans le ministère ?

La composition du nouveau cabinet évoque en mon esprit la pensée de Michelet : « En France, ce sont les avancés qui dictent et les modérés qui écrivent. » Serait-ce vraiment cela ? Il est bien évident que l'on avait voulu donner au ministère un axe situé vers le centre. On avait peu demandé au groupe républicain-socialiste et socialiste français ; les radicaux appelés ne sont pas de ceux qu'on classe le plus à gauche. MM. Nogaro et Duboin n'avaient-ils pas voté contre le ministère Painlevé ? Enfin, le colonel Picot et les quatre membres du groupe des républicains de gauche, donnent bien une allure certaine de modération à la combinaison tout entière.

Ces hommes vont avoir les plus graves difficultés à résoudre. Or je ne crois pas qu'on puisse conjuguer les doctrines de droite avec celles de gauche pour arriver au résultat. Je dis bien les doctrines. Dès qu'on prononce un tel mot certains se hérissent. Voilà de la théorie, s'écrient-ils. Regardez donc vers la pratique. — Eh ! eh ! j'y regarde et je n'y vois qu'incohérence. Il faut faire des synthèses, pour arriver à des décisions et c'est pour cette raison qu'il faut des doctrines.

Dire aux gens : ne vous occupez que de la pratique revient à leur dire : ne dominez pas votre sujet et laissez-vous aller au cours des événements : devenez le bouchon sur le torrent.

Mais leur dire : amalgamez les doctrines est peut-être pis encore. On ne marie pas l'eau avec le feu. L'un et l'autre se neutralisent. On aboutit au piétinement qui est plus grave encore que le laissez-faire, laissez-passer des empiristes. Eux, du moins, ne donnent pas l'impression qu'ils agissent, et, par conséquent, ne découragent pas les actions futures.

Le nouveau ministère devra choisir. Le problème, en somme, est posé de la façon suivante : Qui paiera les frais ? Ceux qui possèdent du superflu ou ceux qui n'ont que le nécessaire ?

Si les hommes au pouvoir prennent le premier parti, ils vont se trouver dans toutes les difficultés que les gauches ont connues. Sans doute, au premier abord, on leur fera crédit. Leur modération et leur valeur technique rassureront ceux qui craignent pour leurs coffres-forts. Mais, s'ils veulent agir véritablement, la considération avec laquelle ils auront été accueillis baissera d'une manière rapide.

M. Caillaux avait parlé éloquemment de la grande pénitence. Il nous l'a présentée sous des traits austères qui rappellent davantage la rigueur jacobine que la douceur de vivre conservatrice. Allons-nous voir apparaître ce symbole émacié ? Par intérêt pour le pays, il faut le souhaiter. Mais que deviendront alors les facilitaires ? Si l'équipe gouvernementale veut cogner « sur le mufle de la consommation excessive », comme Vincent Auriol conseillait de « cogner sur le mufle de la spéculation », tout est bien ; mais cela suppose que les dirigeants ont revêtu la bure et ceint la corde des pénitents.

Le premier consommateur qu'il faut réfréner, c'est l'Etat. J'entends qu'il faut obtenir une réforme profonde des méthodes par lesquelles il a compromis son avoir et son crédit. Est-on prêt à renoncer à toute inflation, si pénible que puisse être la mesure ? Même à l'inflation méthodique où M. Piétri, avec quelque légèreté selon moi, voyait un processus de stabilisation de la monnaie ?

Les difficultés de la trésorerie ne vont pas tarder à apparaître. Que propose-t-on pour les résoudre ? Va-t-on recourir à des expédients et augmenter le mensonge des comptes publics, où, sous prétexte d'unité, on crée la confusion entre ce qui appartient véritablement au Trésor et ce qui est simplement déposé à vue dans nos caisses ? Va-t-on, au contraire, jeter les cartes sur la table et montrer enfin au pays ce qu'il est en droit d'attendre et ce qu'il lui est interdit d'espérer ?

Il faut, en effet, une réforme fondamentale. Les restrictions en surface ne modifieraient rien. On a toujours trop de tendance à battre sa coulpe sur la poitrine de son voisin. On crie : « Pénitence ! » l'écho répond : carte de pain ; « Réforme de l'Etat ! » il répond : économies sur le traitement des fonctionnaires.

Ne cédera-t-on pas à cette forme nouvelle de la crise de facilité ?

Enfin il faut penser à une réforme profonde de l'économie. Il ne servirait à rien de refondre la monnaie au creuset de l'assainissement, si l'économie nationale continuait à être viciée par l'inflation.

L'exemple belge prouvait les dangers d'une telle opération. Sans doute, là aussi, il faut une volonté énergique; là aussi, il faut se garder des à peu près et des faux semblants. Le cabinet va-t-il apporter une politique des prix ? Et quelle politique des prix ? Si Pietri et Duboin ne rectifiaient pas leurs positions dans ce domaine purement technique, ils risquaient de donner des conseils qu'il y aurait eu lieu de n'accepter que sous caution. Mais, dans le domaine politique, les modérés du ministère ne vont-ils pas être effrayés par les sacrifices qu'il va falloir demander au haut commerce et à la haute industrie ?

On connaît l'antienne. A chaque fois qu'il est question de supprimer un privilège ou d'atténuer un abus, on dit : « Prenez garde ! Vous allez tuer la poule aux œufs d'or... le monde ouvrier lui-même va se repentir des mesures démocratiques que vous voulez prendre. » Ne touchez pas à la reine ! Ainsi Hugolin, dans la tour de la faim, dévorait ses enfants pour leur conserver un père.

On voit, par ces simples exemples, combien le courage serait nécessaire pour se dégager des réseaux de préjugés, des idées fausses et des doctrines de facilité. Il faudrait aux consuls Briand et Caillaux et aux hommes de bonne volonté qui leur faisaient cortège l'âpreté dans l'action et la rigueur dans les desseins. Je ne vois guère qu'il leur eût été possible d'aboutir autrement que par la formule de gauche.

« Les avancés dictent, les modérés écrivent. »

Jetons un coup d'œil sur la situation au moment où M. Caillaux prend les finances. Le pays est inquiet. On le dit partout, du moins. Les journaux sont pleins de déclamations que le public commente. Y croit-il vraiment ? Je n'en suis pas sûr. Sous des apparences de trouble, il garde une placidité foncière. Dans les masses, on ne croit pas au danger et c'est un peu pour cette raison qu'elles demandent un règlement rapide de la situation, fût-il hâtif et inopérant. On veut se débarrasser d'une idée gênante plutôt qu'on ne cherche à résoudre un problème vital.

Il s'agit bien pourtant d'un problème vital. La solution adoptée ne sera pas indifférente. Il ne faut pas dire : « Faites quoi que ce soit et n'en parlons plus. » Ce serait la pire des erreurs.

Deux voies sont ouvertes : inflation ou déflation : il n'y a pas de solution intermédiaire. L'inflation, c'est la série des catastrophes, au bout de laquelle nous trouverons le secours d'une main étrangère qui, moyennant notre asservissement, nous tirera d'affaire. La déflation, c'est le sacrifice national, la crise inévitable mais, au delà, le salut et l'indépendance.

Il ne semble pas qu'on puisse hésiter entre les deux hypothèses. Pourtant, la complexité des faits est telle, qu'on peut s'égarer facilement dans le dédale. Ce malheur est arrivé au comité des experts dont le rapport venait alors de paraître.

Je ne mets pas en doute la bonne foi et la science des hommes éminents qui ont été choisis par M. Raoul Péret pour donner au gouvernement les conseils dont il estimait avoir besoin. Mais si ces hommes éminents ont produit une œuvre d'une structure remarquable, en ce qui touche la description des phénomènes, les solutions qu'ils ont proposées sont loin d'être d'une valeur égale à celle de leur description.

Lorsque le décret du 31 mai 1926 institua le comité des experts, l'opinion se montra hésitante. Vincent Auriol, à la tribune de la Chambre, avait indiqué combien il paraissait singulier de remettre à un groupe d'hommes constitué surtout par des représentants de la haute banque, le soin de dresser un plan de salut financier. Peu à peu filtra dans le public l'écho de dissentiments qui se seraient élevés au sein du comité. On savait même, d'une façon précise, qu'un désaccord profond avait séparé certains experts et le haut personnel de la Banque de France. Les événements devaient démontrer que le gouvernement prenait fait et cause, lui aussi, contre ce haut personnel et le départ brusqué de MM. Robineau, Picard et Aupetit en est la preuve. On aurait âprement discuté sur l'emploi de l'or en réserve dans les caves de notre établissement d'émission et sur bien d'autres choses encore.

Mais il faut reconnaître néanmoins que, peu à peu, l'espèce de défaveur qui avait accueilli la nomination des experts tendit à disparaître. Le nouveau cabinet Briand-Caillaux, dès son arrivée aux affaires, laissait entendre que le travail accompli par le comité lui semblait susceptible de rassembler les suffrages des bons esprits. On aurait un plan établi en dehors du tumulte de la politique. Le nom « technicien » reprenait son auréole si bien que l'atmosphère était à peu près totalement éclaircie quand on annonça le dépôt du rapport.

Tout le monde ne partageait pas l'optimisme du gouvernement mais les réfractaires eux-mêmes sentaient parfois chanceler leurs convictions. La campagne contre le Parlement trouvait son compte. Enfin ! n'allait-on pas voir apparaître un document sur lequel on pourrait s'appuyer ? Pas de politique plus de politique !

Comme si la politique était autre chose que l'expression de l'ensemble des besoins d'un pays et comme si les techniciens, pour faire œuvre véritablement utile, ne devaient pas embrasser l'ensemble du problème au lieu de le traiter par un de ses côtés.

Le rapport parut, ceux qui disaient pas de politique étaient servis. C'est une œuvre de professionnels et spécialement de banquiers qui ont réglé les affaires du pays par les seuls moyens dont ils ont la pratique. On verra que, même du point de vue technique, c'est insuffisant.

Je ne veux pas leur reprocher, car je ne crois pas qu'ils les aient vues systématiquement, les solutions antidémocratiques qu'ils proposent : faveurs accordées aux possédants sans contre-partie pour les classes laborieuses qu'on grève d'impôts indirects ; atteintes à peine déguisées aux lois sociales comme la loi de huit heures dont on demande une application libérale (que ce mot est joli !) permettant d'écarter les règlements restrictifs susceptibles de paralyser le travail national. Alors qu'on n'ignore pas la souplesse de la loi du 23 avril 1919 sur la durée du travail mais qu'on n'ignore pas non plus que cette loi est une loi de base de salaire. En réalité, c'est le salaire qu'on voudrait atteindre sans peut-être même se l'avouer.

Je me bornerai à la technique elle-même et sans m'astreindre à une analyse minutieuse du rapport je montrerai ce qu'elle a de défectueux.

Avant de passer à cette critique, je dois reconnaître la haute valeur du travail des experts. Pour qui n'y jette qu'un coup d'œil rapide, l'armature en paraît solide. Elle a été façonnée par des hommes habiles qui ont rendu au moins au pays le service de le faire sortir d'une quiétude dans laquelle il se complaît. Les masses ne voient pas le danger. Elles le soupçonnent inconsciemment, et ce soupçon détermine chez elles un malaise dont elles ne définissent pas la nature. C'est le frisson instinctif devant le pé[illegible] qu'on interprète comme une réaction purement ph[illegible]sique alors qu'il décèle un mal profond, surto[illegible] moral.

Il fallait donc proclamer certaines vérités.

Félicitons les experts de les avoir dites. « [illegible] faut avant tout compter sur nos propres effor[illegible] lit-on, dès la première page du rapport, pour ass[illegible]nir notre situation financière, restaurer notre c[illegible]dit et sauvegarder notre indépendance économiq[illegible] Les appuis extérieurs nous seront offerts dans d[illegible] conditions d'autant plus favorables que nous a[illegible]rons mieux prouvé notre volonté de redressemen[illegible] Sans doute, le commerce et l'industrie ont con[illegible] une apparente prospérité; maintenant encore il n[illegible] a pas de chômage, les ventes sont aisées, les exp[illegible]tations actives. Beaucoup de Français vivent ai[illegible] dans l'illusion; en fait, sous les gains nominal[illegible]ment élevés, il y a, dans bien des cas, absence [illegible] bénéfices réels. Les Français travaillent et prod[illegible]sent : la plupart s'appauvrissent inconsciemment. [illegible]

Utiles constatations. Les effets de l'inflation so[illegible] fort bien décrits, et j'aime cette adjuration au peup[illegible] d'avoir à se sauver lui-même et à n'espérer le [illegible]cours des autres que dans la mesure où il aura [illegible] le mériter.

Après ce préambule on attend un programme [illegible] redressement qui ferait appel à l'énergie nation[illegible] aux sacrifices des citoyens et particulièrement de ceux qui possèdent du superflu.

Tout au moins, car l'impôt n'est pas une panacée; il peut même être dangereux autant que l'inflation; pourrait-on s'attendre à un projet de réorganisation de l'économie qui ferait cesser le désordre anarchique d'aujourd'hui. Rien de tout cela. Les experts n'ont vu la question que du dehors : la réforme des finances par la fiscalité. C'est à croire que l'exemple belge leur est inconnu.

Et dans quelles conditions propose-t-on les remèdes ?

Après avoir dit : plus d'inflation, on offre d'équilibrer et de suréquilibrer le budget par des impôts indirects qui contiennent l'inflation en germe et la font naître fatalement par la hausse des prix qu'ils déterminent directement.

Après avoir dit : plus d'emprunts, pour liquider la dette flottante et équilibrer les ressources du Trésor, on préconise l'emprunt étranger plus dangereux cent fois que l'emprunt intérieur. Celui-ci est dilué par la monnaie qui décline; celui-là forme un bloc d'autant plus difficile à réduire que la monnaie a perdu plus de valeur.

D'ailleurs, qui nous prouve que les étrangers sont disposés à nous prêter aussi abondamment leur argent ? Même après la ratification des accords de Washington que les experts jugent indispensable, qui nous dit que l'Amérique voudra mettre des dollars à notre disposition ? A quel prix nous les do nerait-elle ? Quelles garanties devrait-elle exiger Je dis : devrait-elle, car les particuliers américai ne se contenteraient pas de notre signature. Mette vous à leur place. N'exigeriez-vous pas quelqu bonne hypothèque sur les chemins de fer ou sur le douanes ?

Penser à donner en gage les obligations des ch mins de fer allemands ; jouer du plan Dawes, c'es rééditer tout simplement la formule périmée : l'A lemagne paiera.

La politique d'emprunts extérieurs est simpleme une politique de facilité par laquelle nous trouve rions un répit trompeur de quelques mois pour no réveiller ensuite plus pauvres qu'avant et plus loi encore du but à atteindre.

Ces remarques s'appliquent aux procédés indiqué pour la stabilisation : des emprunts, des crédits e c'est tout. Le taux de stabilisation sera recherch par tâtonnement alors qu'il est techniquement dé terminable. On nous dit que la stabilisation amè nera une crise. Est-ce bien sûr ? Ne peut-on pas supposer au contraire que l'économie continuera à vivre dans l'inflation et fera sauter le plomb du ci cuit monétaire resserré ? On a vu ailleurs un te phénomène. Nulle part les experts ne se sont mon trés inspirés par le processus fondamental de la stabilisation anglaise : la manœuvre par l'économie et non par la monnaie. Nulle part on ne trouve sous leur plume un mot indiquant qu'ils ont attaché au mécanisme des prix son importance véritable. Pas de paix monétaire sans victoire sur les prix ; pas de stabilisation de la monnaie sans stabilisation préalable de l'économie. Ces deux vérités semblent leur avoir échappé.

En revanche, ils se sont évertués à rechercher tous les moyens bancaires par lesquels on peut soulager une monnaie défaillante sans apercevoir que ces moyens sont insuffisants et peuvent être dangereux s'ils n'ont été préparés par une réforme de l'économie. De même, dans le domaine des impôts, ils ont estimé que la fiscalité serait assainie du jour où les clients des banques n'auraient plus à se préoccuper du carnet de coupons et verraient baisser le taux de leur impôt sur le revenu.

Je reconnais que chacun des moyens présentés est judicieusement étudié et mis en place mais l'ensemble de ces moyens ne forme pas un tout. C'est une solution « professionnelle » qu'on nous propose, alors que, de toute nécessité, il faut une solution « politique », c'est-à-dire complète.

Il n'est de génie universel que le politique. On l'oublie trop parce que le mot politique évoque, à l'esprit des hommes d'aujourd'hui, avant tout, une lutte de partis qui peut être, en effet, stérile. On ne regarde que la tempête de surface et on ne pense plus à la profondeur de l'Océan.

Méconnaître les notions premières ne peut co-duire qu'à l'égarement.

En somme, si l'on y regarde de près, c'est un p-cédé d'inflation que nous offrent les experts j-qu'à proposer, sous des termes voilés, de rempla- les bons de la dette flottante par des billets de banq- c'est-à-dire de faire le plafond unique qui me sem- être la plus grosse erreur des inflationnistes. Aut- descendre aussi bas que l'Allemagne sur la pe- de la dévalorisation monétaire.

Et que dire de leur inflation par les empru- extérieurs ? Elle conduirait à la « turquification dont-ils ont inconsciemment suivi la logique leur atteinte, à peine masquée, à la loi de h- heures. Lorsque Abdul-Ahmid traitait avec les ba-quiers, les fellahs recevaient quelques coups de ton de plus.

En face d'un tel système que trouvons-nous ? plusieurs reprises, M. Caillaux proclama au co- des débats liminaires devant la Chambre, qu'il fall- choisir entre son plan analogue, semblait-il, en to- points peut-être au plan des experts et le plan s-cialiste de prélèvement sur le capital. C'était habi- Il effarouchait ainsi les timorés et s'attirait les v- hésitantes. Mais le dilemne était par trop simplis-

On peut, en effet, critiquer les formules soc-listes dans le détail de leur application ; considé- qu'elles ne sont pas techniquement réalisabl- qu'elles comportent des inconvénients, — ceux-mêmes de l'inflation qu'elles voudraient éviter. Il n'en reste pas moins que l'idée des socialistes, décantée de ce qu'elle peut avoir d'impraticable, contient un fond doctrinal d'une vertu singulière. Elle ne fait que traduire, en effet, le désir de la déflation qui est indispensable si l'on veut arriver à l'assainissement de la monnaie. Comment assainir sans restreindre ? Sans comprimer les consommations excessives, sans réglementer les prix ?

La preuve que le rapport des experts méconnaît l'idée de déflation est établie par seul fait qu'ils ont omis d'y traiter de la question des prix. Cette omission est aussi impardonnable que le serait celle d'un rapport militaire, écrit en 1918, où il ne serait pas question des gaz asphyxiants. On sait, en effet, que les prix sont les principaux agents destructeurs de la monnaie. Leurs variations anarchiques engendrent les maux les plus terribles. Elles traduisent l'incohérence de l'économie ou, plus exactement, sont la cause de cette incohérence car la détermination des prix n'est pas toujours une conséquence fatale et comporte une large part d'arbitraire.

Il ne s'agit pas de choisir entre la doctrine des experts et celle des socialistes; il s'agit de choisir entre l'inflation et la déflation. Le rapport des experts symbolise la première; les propositions socialistes la seconde. On peut discuter sur les modalités mais il faut s'accorder sur l'un ou sur l'autre des principes.

La Chambre avait donné au gouvernement 22 voix de majorité sur la déclaration ministérielle. C'était une majorité d'attente. On jugerait définitivement sur les projets de M. Caillaux.

Mais M. Caillaux n'indiqua pas en quoi ses projets différaient de ceux des experts. Appliquerait-il purement et simplement le rapport ? Apportait-il des retouches ? On l'ignorait et cette incertitude causait un malaise. On avait l'impression que les solutions qu'il proposerait ne seraient pas celles qu'auraient pu envisager les techniciens de gauche. Or le problème financier est essentiellement un problème politique, je reviens sur cette idée, c'est-à-dire un problème d'ensemble. Les solutions purement professionnelles des experts auraient-elles suffi ?

Puis voici que, comme entrée de jeu, M. Caillaux demandait aux gauches, déjà inquiètes, de consentir à lui permettre d'user de pouvoirs extraordinaires. Il y eut un sursaut et je crois bien que le ministère eût été mis en minorité sur cette question, même si M. Herriot n'était pas descendu du fauteuil présidentiel pour venir combattre le projet du gouvernement.

Le ministère Briand-Caillaux tomba. M. Herriot prit le pouvoir. Nous étions en juillet.

On se souvient que, par les impôts Loucheur, on avait assuré l'alimentation de la Trésorerie jusqu'à juin pour permettre de prendre d'ici là les mesures d'assainissement. On n'avait pas pris les mesures. Les impôts Raoul Péret n'avaient pas atteint leur maximum de rendement. Les caisses de l'Etat étaient loin d'être pleines. Il fallait s'y attendre. Les impôts directs ne devaient rentrer que dans le dernier trimestre de l'année par suite du retard dans l'établissement des rôles.

Le moment était donc périlleux. Il devait le devenir plus encore par la crise que ferait éclater l'arrivée au pouvoir du nouveau gouvernement.

Je ne crois pas manquer à l'impartialité en affirmant que les puissances financières qui avaient eu déjà raison du premier cabinet Herriot, ne se montrèrent pas mieux disposés à l'égard du second.

Déjà, depuis un certain temps, au marché des changes, on manifestait des inquiètudes et la livre et le dollar montaient. Brusquement, du jour où M. Herriot forma son cabinet, les changes font un bond formidable. En même temps les prix de gros passent de l'indice 810 à l'indice 837. Ils iront jusqu'à l'indice 854. Je ne sache pas qu'à ce moment un séisme économique ait été constaté. Il semble donc naturel de conclure que c'est arbitrairement que cette hausse a été réalisée. D'autant mieux qu'elle ne survivra pas à la chute du ministère.

Le public est affolé. On se croirait déjà parvenu à

la seconde phase du régime de l'inflation, celle où le citoyens, après l'illusion de l'enrichissement par papier monnaie et l'euphorie inflationniste, sont pr de panique et fuient la monnaie pour investir leu avoir en valeurs réelles. On se précipite dans les ma gasins pour acquérir des marchandises. Ici un brav français moyen place ses économies en achetant de objets dont il n'aura jamais à faire usage : tel cet ou vrier parisien dont on m'a raconté qu'il avait ache des vêtements d'aviateur ; tel ce petit bourgeois lyon nais qui, chez un important négociant de la vill achète pour 4.000 francs de lingerie. Les classes mo destes, qui pourtant devraient être rassurées par l'ar rivée au pouvoir d'un démocrate sincère, subissen la contagion. Par milliers, les déposants des caiss d'épargne vont réclamer leur argent. On se fait rem bourser les bons de la Défense Nationale parvenu à échéance. La somme de deux milliards enviro qui constitue le flottant périlleux de la dette, ce deux milliards dont le chiffre fatidique apparut d'autres époques, sont exigés par les porteurs. L Trésor est épuisé. Je ne fais ici aucun commentair Je constate simplement.

La chute de M. Herriot, on pourrait presque dir la catastrophe Herriot, semble donc bien avoir ét déclanchée par la volonté de l'opinion soulevée pa des adversaires du cabinet et pourtant, quand on regarde de plus près, on s'aperçoit que les évène ments de juillet 1926 ne sont que le dénouement logique, je ne dis pas fatal, d'une crise qui sévissait depuis longtemps. On n'y prenait pas garde, telle une maladie profonde dont on néglige de rechercher les symptômes parce que celui qui en est atteint ne souffre pas.

Cette crise explique peut-être la fragilité des ministères qui se sont succédés depuis l'automne 1925 jusqu'à l'été 1926. Les raisons et les colères et les luttes de la vie publique ne sont que des traductions, parfois très imparfaites, des instincts profonds qui conditionnent la vie nationale. On croit dominer alors qu'on subit. Les vraies causes restent souvent insoupçonnées.

Il s'était produit en novembre 1925 un phénomène auquel personne, semble-t-il, n'avait pris garde. Les rapports entre notre monnaie et les monnaies appréciées s'étaient alors déséquilibrés de telle manière que, brusquement, la valeur française avait été désaxée.

La valeur or des prix représentée par l'indice 100 en 1914 était tombée au-dessous de cet étiage pour les prix de détail. J'interprète ce phénomène comme une rupture véritable d'équilibre car on peut dire que la valeur des prix avant la guerre doit être considérée comme celle d'un temps normal. Or, après guerre, le niveau de 1914 est un niveau minimum qui ne peut convenir qu'à une monnaie avariée. Nul n'ignore, en effet, que l'or a perdu environ 50 % de sa puissance d'achat. Par rapport à l'indice type ou indice 100 d'avant guerre, l'indice normal dans les pays à monnaies pleines comme l'Angleterre et l'Amérique est 150 environ pour le prix de gros et pour le prix de détail.

Dans les pays à monnaies dépréciées, le prix de gros et le prix de détail sont disjoints, celui-ci étant au-dessous de celui-là et, d'une façon générale, le prix de gros lui-même n'atteint pas l'indice or mondial 150.

Il faut noter que ces variations de l'indice or ne correspondent pas toujours à ce qu'on appelle la cherté ou le bon marché des prix. Des prix peuvent être très lourds pour l'industrie et le consommateur et néanmoins être pauvres en or. Des prix peuvent être facilement supportables et néanmoins être riches en or. Tout dépend de la direction donnée à l'économie et du fonds de roulement national. C'est un problème d'adaptation.

J'observe donc que la température du prix de détail français était au-dessous de la normale et fortement au-dessous. Il n'est pas étonnant que l'organisme national ait souffert.

Les événements politiques de juillet 1926 n'étaient que la traduction exacerbée et l'aboutissant d'un malaise qui durait depuis près d'un an et qui, d'ailleurs, ne cessera que juste douze mois après son début. La phase dure de novembre 1925 à novembre 1926.

Je ne parle pas du prix de gros. Sans aucun doute,

pendant cette période, sa teneur en or est aussi insuffisante que celle du prix de détail mais le phénomène est moins visible. A cause de son contact avec l'extérieur, le prix de gros enregistre mieux que le prix de détail la dévalorisation de l'or. Elle le pousse assez sensiblement au-dessus de l'étiage de 1914 sans d'ailleurs le conduire à la hauteur du prix mondial. Je prends au contraire le prix de détail, tombé au-dessous du niveau d'avant guerre.

Après avoir valu juste 100 or en octobre 1925, il passe en novembre à 91, puis à 88 en avril 1926, à 72 en juillet, 87 en septembre, 94 en octobre et enfin 112 en novembre marquant ainsi la guérison du malaise et la fin de la crise (1).

M. Herriot lors de son premier ministère avait payé les droits de succession de la législature précédente. Lors du second il paya les frais d'une crise de déséquilibre. Dans les deux cas des gens

(1) Valeur or des prix français d'octobre 1925 à novembre 1926.

		Prix de gros	Prix de détail			Prix de gros	Prix de détail
Octobre.	1925	135	100	Mai	1926	114	85
Novembre	—	127	91	Juin	—	114	82
Décembre	—	125	90	Juillet ..	—	108	72
Janvier ..	1926	126	94	Août ...	—	115	86
Février ..	—	123	94	Septemb..	—	119	87
Mars	—	119	92	Octobre..	—	117	94
Avril ..	—	116	88	Novembre.	—	124	112

mal intentionnés profitèrent des circonstances pour lui signifier en toute hâte l'échéance et lui envoyèrent brutalement l'huissier.

IV

Le Ministère Poincaré.

M. Poincaré prend le pouvoir. Aussitôt la fièvre baisse. Les prix qui, au 31 juillet, étaient parvenus à l'indice 854, descendent à l'indice 775, c'est-à-dire plus bas que l'indice 810 qu'ils avaient atteint la veille de la crise. En même temps, les changes rentrent dans l'ordre. Au cours des mois d'août et de septembre, les deux milliards payés par les caisses de l'Etat, y sont rapportés. Qui ne verrait là les heureux effets de l'élément psychologique que l'on appelle la confiance ?

Il n'en faut pas nier l'efficacité mais cette constatation ne nous dispense pas de regarder au delà des apparences.

Je note tout d'abord, à l'origine du phénomène, la baisse des prix et des changes, aussi factice que la hausse qui l'avait précédée. Faut-il en conclure que le mot d'ordre émanant de ceux qui détiennent la puissance économique a, immédiatement, sa répercussion sur l'ensemble des citoyens et que la masse suit aveuglément les impulsions qui lui sont ainsi données ?

L'opinion est docile. On est engourdi comme par un soporifique et l'on ne pense pas qu'un jour viendra peut-être où le réveil sera pénible.

La Confiance ! Quel admirable thaumaturge ! Mais ceux-là mêmes qui attendent le plus de son action se rendent-ils un compte exact des éléments dont elle est constituée ? En fait, on a confiance, c'est-à-dire on ne court pas avec affolement aux caisses publiques réclamer son dû, lorsqu'on a le sentiment d'une quiétude suffisante, laquelle peut provenir de deux causes : ou de la solution heureuse du problème financier, ou de l'arrêt dans la recherche des solutions, de la mise en sommeil du pays.

« Ne nous demandez plus rien, parce que vous n'avez plus rien à nous demander, ou parce que vous faites comme si vous n'aviez plus rien à nous demander — et nous aurons confiance ! » Voilà ce que dit une quantité de braves gens. Dans la seconde alternative, c'est la politique de l'autruche. Le problème n'est pas résolu pour autant mais on renonce à y penser et l'on s'endort dans la quiétude.

Il ne faut pas confondre la confiance avec le courage. Elle naît du goût de la facilité, de la lassitude aussi, il faut bien le dire, d'avoir subi des crises au cours desquelles les chefs pouvaient oser, trouver dans le mal lui-même des moyens de salut et dont ils ont laissé, sans profit, épuiser la souffrance, si bien qu'en définitive on en arrive à mieux aimer ne pas vouloir que vouloir.

Cette passivité est propice aux abandons. Telle la torpeur de l'anesthésie, elle permet de tolérer ce qu'en d'autres temps on aurait âprement ressenti. C'est ainsi qu'on a pu charger le pays d'une somme formidable d'impôts nouveaux qui, il est vrai, ont cette fortune de ne pas faire crier les puissants puisque les grosses cotes sont allégées par la loi du 3 août 1926 qui les a établis. Les taxes nouvelles frappent surtout les classes moyennes. Dans l'ensemble, on les accepte.

Les prix, après la dépression du début du mois d'août 1926, ont repris leur mouvement d'ascension sous le stimulant des impôts que supportent l'industrie et le commerce. Et si au cours de l'année 1927 ils se sont abaissés à nouveau, en grande partie à cause de la crise économique, ils sont toujours inadaptés et imposent une gêne véritable au consommateur. Je dois constater que les protestations n'ont pas la véhémence que nous aurions connue à d'autres époques.

Sans doute, on insinue bien que le gouvernement pense à l'assainissement financier et à la réforme monétaire. Mais pour quiconque a l'habitude de pareils problèmes, les gestes de la politique actuelle sont en contradiction avec de tels projets.

Dressons le bilan et tâchons de nous rendre compte des méthodes. J'ai déjà indiqué les deux politiques possibles de l'assainissement qui est le but final nécessaire : celle qui conduit à demander le sacrifice indispensable à la richesse acquise, et celle qui tend à le faire supporter par les classes moins fortunées de la nation. Je ne crois pas qu'il soit possible de nier que c'est au second système qu'on a eu recours.

L'impôt indirect et les taxes de consommation, par leur répercussion sur les prix, grèvent, avant tout, les citoyens modestes et doivent les grever jusqu'à la gêne si l'on veut aboutir. En effet, on peut penser ainsi alimenter le Trésor — une Trésorerie solide est une des premières conditions de la réussite — mais il ne faut pas songer à soulager ceux qui supportent le poids de l'effort, car alors on en perdrait l'avantage : les hausses suffisantes des salaires et surtout des traitements, nécessaires pour permettre de vivre normalement aux classes qui travaillent, conduiraient presque fatalement à recourir à de nouvelles avances de la Banque de France, c'est-à-dire à l'inflation. L'autre système permettrait de remplir les caisses de l'Etat avec l'excédent de ressource des privilégiés de la fortune. Il est, au fond, plus sûr que le précédent, car il n'est pas certain, qu'à un moment quelconque, la coupe ne débordera pas et qu'on ne sera pas obligé de céder à des revendications dont la légitimité ne peut être contestée par personne. J'admets cependant que la méthode employée réussisse, mais alors, puisqu'on l'avait choisie, pourquoi ne pas s'y tenir ?

En même temps qu'il faisait voter les impôts de la loi du 3 août et qu'il renonçait expressément à l'inflation, le président du Conseil, en proposant la loi du 7 août ouvrait à l'inflation une voie jusqu'alors inconnue.

On sait que cette loi permet à la Banque de France d'acquérir de l'or et des devises appréciées et l'autorise à frapper, pour payer ces achats, de nouveaux billets en excédent du total des billets en circulation.

On dit, il est vrai, qu'il ne s'agit pas là d'une inflation spécifique, c'est-à-dire de billets tirés pour les besoins de l'Etat et figurant au poste des avances. C'est un simple sophisme. Il y a inflation, c'est-à-dire multiplication des signes monétaires, diminuant la puissance d'achat de la monnaie, non seulement quand c'est en faveur de l'Etat que les billets sont frappés, mais aussi et peut-être surtout, comme le prouve l'exemple de l'Allemagne, quand la multiplication des billets a pour prétexte des besoins commerciaux; à plus forte raison, quand cette multiplication fait naître des besoins ou permet une hausse des prix par la mise en circulation d'un stock plus considérable de monnaie. Et qu'on n'aille pas prétendre que ces billets nouveaux sont inoffensifs parce qu'ils sont gagés par l'or ou les devises qu'ils ont payés.

L'or acquis de la sorte était inactif comme il reste inactif dans les caves de la Banque de France. C'est un joyau sous vitrine que l'on a remplacé par une monnaie actuelle — elle sera investie en marchandises et en services — ou virtuelle qui pèsera comme une menace sur l'économie. Pour ce qui est des devises, c'est une richesse en action dont on fait un joyau sous vitrine à l'aide d'une émission actuelle ou virtuelle de billets. Ceci ne compense pas cela. Dans l'un et l'autre cas, on fait de la fausse économie monétaire c'est-à-dire du désordre.

Même au point de vue purement mécanique, il n'est pas indifférent d'augmenter ainsi le stock monétaire. Cette vérité a été fort bien marquée par un célèbre économiste, M. Luzzati, dans un article du *Corriere della Sera*, que j'ai tenu à citer à la tribune de la Chambre et qui vise précisément le cas de la France. Voici ce qu'écrivait M. Luzzati : « A côté de la dette flottante, il y a la dette monétaire plus dangereuse, parce qu'elle n'est pas à échéance, n'est pas productive d'intérêts mais, arrivée à une certaine hauteur, ronge secrètement et inexorablement la vie de l'Etat. Dans les récents débats à la Chambre française, le terrible problème des 55 milliards de francs en billets de banque n'a pas été examiné comme il aurait dû l'être; il semblait presque que les orateurs aient cherché à l'éviter..... La France, avec ses 55 milliards actuels de francs-papier, ne peut être allégée que d'une manière : en diminuant courageusement ces sommes hyperboliques et en ne croyant pas qu'il soit possible d'améliorer le cours des billets en ajoutant quelques millions d'or à la réserve métallique. Si ces deux actes : diminuer la somme des billets et accroître la réserve d'or peuvent aller de concert, tant mieux; mais le point essentiel est la réduction de la masse des billets ».

Il est vrai que M. Poincaré a pris, d'autre part, une mesure qui peut avoir pour effet de restreindre la circulation des billets, lorsqu'il a demandé à la Banque de France de hausser le taux de son escompte et de restreindre les crédits.

A vrai dire, ce n'était pas le but qu'il visait : il avait surtout en vue le rapatriement des devises étrangères en contraignant les commerçants, par une politique d'argent cher, à rapatrier leurs avoirs à l'étranger pour se procurer des fonds de roulement.

Il courait un risque. Si les trésoreries industrielles et commerciales avaient détenu encore des bons de la Défense nationale, c'est en présentant ces bons au remboursement qu'on se serait d'abord procuré des billets, comme on l'a fait en Belgique lors du premier essai de stabiliser. Mais, en fait, les industriels ne possédaient plus de bons de la Défense nationale et peut-être n'est-il pas téméraire de penser que les diverses inflations de l'année 1925 ont joué le rôle « d'inflation de secours », c'est-à-dire qu'elles ont purgé, pour une part, la dette flottante par le remboursement des créanciers qui pouvaient le plus facilement mettre la Trésorerie en péril dans le cas de disette de numéraire.

Il y a donc lieu de croire que les réserves de fonds de roulement avaient été investies en avoirs à l'étranger. La hausse du taux de l'escompte devait pousser à la conversion de ces avoirs en devises nationales. C'est la raison, première en date selon moi, de la baisse des changes et de la montée du franc.

Si cette politique de resserrement, qu'il a fallu bientôt abandonner d'ailleurs, avait été combinée avec un système général de déflation, les effets eussent été tout autres. Sans doute, une crise aurait éclaté mais cette crise n'aurait touché sérieusement que les industries parasitaires nées de l'inflation et respecté tout ce qui économiquement mérite de vivre. Au contraire, la manœuvre de M. Poincaré qui a été l'origine occasionnelle de la crise dont nous souffrons, ne fait pas de discrimination. Tout le monde est frappé.

Sans doute, on s'évertue pour que la classe ouvrière n'ait pas trop à souffrir. Au cours de l'année

1927 le chômage officiel a été fortement atténué. Mais la crise est profonde et je mets en fait que l'on a beau proclamer qu'il n'y a pas de chômage parce qu'on ne fait pas appel au fonds de secours; en réalité, dans les industries — elles ne sont pas rares — où l'on ne travaille que 24 heures par semaine au lieu de 48, les chômeurs sont dans la proportion de 50 %.

La monnaie reste stable mais l'économie est profondément troublée. C'est une sorte de contradiction dont il faudra examiner les causes.

Et voici que, pendant les derniers mois de l'année 1926, le marché des changes a pris un aspect que nous ne lui connaissions pas. La baisse, comme la hausse, est contagieuse. Pour éviter une plus grande déperdition de valeur on liquide au plus vite. Au début du régime Poincaré on vend beaucoup plus qu'on achète.

Mais, allez vous dire, comment, à cette époque, l'industrie satisfait-elle à son besoin de devises ? Les statistiques du commerce extérieur vont répondre. Elles démontrent que, pendant les six premiers mois de l'année 1926, alors que la livre et le dollar étaient en hausse, on s'est surabondamment pourvu de matières premières. Les achats semblent avoir dépassé de beaucoup les besoins et avoir pris l'allure d'un mouvement de refuge vers les valeurs réelles par défiance de la devise nationale. L'augmentation des importations de pierres précieuses, c'est-à-dire de la marchandise de thésaurisation par excellence, tend à confirmer cette hypothèse. On a donc accumulé le stock et l'on peut attendre avant de penser au renouvellement.

Que dis-je ? La vente des devises a été un moyen de défense. Si l'on avait gardé les dollars et les livres pour les achats futurs, ne pouvant obtenir facilement des billets à cause du taux de l'escompte et du resserrement des crédits, on eût été obligé de liquider le stock et, par conséquent, de baisser les prix. Mais, étant donné la hausse constante des prix pendant les premiers mois du ministère, on préfère vendre les devises et compenser la perte que l'on subit ainsi par des prix de plus en plus élevés. Le stock est fortement gardé et c'est le consommateur, à peu près seul, qui supporta le contre-coup de la politique d'argent cher instaurée par le gouvernement.

Je passe à l'examen de la Trésorerie.

Un Trésor bien approvisionné constitue incontestablement un élément de prospérité financière dans tous les temps, mais plus particulièrement dans le nôtre, où l'incertitude de la monnaie et les charges que la dette extérieure fait peser sur l'Etat exigent du Trésor un effort constant. Encore est-il que lorsqu'on veut assainir les finances, il faut d'abord assainir la Trésorerie, c'est-à-dire n'y admettre que des ressources libres de tout engagement. Mieux vaut une Trésorerie moins riche mais sincère qu'une Trésorerie abondamment pourvue mais en apparence seulement. Evitons les trompe-l'œil si nous voulons faire une besogne utile. Bâtir un édifice solide exige qu'on écarte délibérément les matériaux friables pour ne recourir qu'aux éléments robustes de construction.

Je reconnais qu'au moment où M. Poincaré a pris le pouvoir, le Trésor était en fâcheux état. Les 771 millions versés par la Banque de France pour la cession des dollars restant du fonds Morgan, millions de billets nouvellement frappés et constituant une véritable inflation, avaient été rapidement volatilisés. Plutôt que de demander un relèvement de la limite des avances de la Banque de France, le Président du Conseil a préféré recourir au système des avances indirectes en faisant escompter, par divers établissements, pour un milliard environ d'effets qui furent remplacés, dans leurs portefeuilles, par des bons du Trésor.

Un tel procédé est en soi blâmable. Son emploi a déterminé en d'autres temps des critiques dont l'écho n'est pas encore apaisé. M. Poincaré, dans sa lettre au président de la Commission des finances. de septembre 1926, déclare qu'il a consenti à cet expédient parce qu'il était persuadé « que la confiance restaurée du public dans le crédit de l'Etat provoquerait une amélioration rapide de la Trésorerie ». Au mois d'octobre, d'ailleurs, le milliard d'avances indirectes est remboursé.

A vrai dire, pendant les derniers mois de l'année

1926, la Trésorerie bénéficie de la rentrée des impôts directs. Rien d'étonnant à ce que son jeu présente plus d'aisance. Ajoutons qu'elle a profité d'un appoint de 265 millions de francs qui résultent de la cession à la Banque de France des 60 millions de francs suisses fournis par l'emprunt des chemins de fer de l'Etat et que, d'autre part, les deux milliards environ qui avaient été retirés par les créanciers du Trésor, au cours du mois de juillet, lui ont été restitués.

Il est vrai que les caisses ont été appauvries par des achats de devises étrangères effectués pour faire face au paiement de la tranche exigible de la dette extérieure. On nous a même dit qu'on avait reconstitué le fonds Morgan. Qu'entend-on par là ? De quelle somme s'agit-il ? De la totalité du fonds ou seulement des millions de dollars perdus en Bourse au printemps dernier ? Aucune précision n'est apportée. De même, où figurent dans les comptes les devises étrangères acquises par l'Etat ? Mystère. On en est réduit ou à peu près au seul poste des avances à l'Etat dans le bilan de la Banque de France. Mais il est un mystère beaucoup plus troublant encore. Quelle est exactement la structure de la Trésorerie ? Le bilan de la Banque annonce, par exemple, à l'automne 1926, une marge de deux milliards environ. Ces deux milliards sont-ils exclusivement constitués par des rentrées d'impôts, c'est-à-dire par des sommes définitivement acquises à l'Etat ? Nullement. Pour une part importante, que je considère, quant à moi, comme supérieure à un milliard, si je me réfère aux précédents, ils représentent des dépôts à vue des établissements de crédit. En effet, depuis le mois de décembre 1920, les banques ont été autorisées à déposer leurs fonds au Trésor, où elles recueillent un intérêt modique, mais qui rend néanmoins ces dépôts plus attrayants que ceux qu'on ferait à la Banque de France : ceux-là sont gratuits.

La modicité même de l'intérêt suppose que l'argent qu'on place ainsi est extrêmement mobile. On ne peut donc le considérer comme un actif certain de l'Etat.

Encore est-il, qu'en ce temps-là, les comptes courants du Trésor ne dépassaient pas les limites connues jusqu'alors. Depuis, si la marge des avances a notablement augmenté et laisse loin derrière elle les modestes deux milliards du début du ministère c'est que les comptes courants se sont enflés démesurément par suite du mécanisme de circuit en vertu duquel, pour une part importante, les devises accumulées par la Banque de France ont, pour contrepartie, des ouvertures de crédit en francs à vue, c'est-à-dire des dépôts au Trésor qui lui donnent une apparence de richesse, mais une apparence de richesse, mais une apparence seulement, puisqu'il est débiteur de sommes énormes et que ses dettes, encore aujourd'hui malgré tous les moyens employés pour les réduire, absorbent à peu près tout son actif.

En somme, la Trésorerie de M. Poincaré n'est ni pire ni mieux, quant à la qualité de ses éléments, que celle de ses prédécesseurs. Elle n'est pas davantage assainie.

Mais au moins est-on parvenu à un assainissement de la monnaie ?

Sous le signe de la monnaie avariée, l'échelle des valeurs est détruite. C'est la pire conséquence du malaise monétaire. A l'économie normale faite de travail est substituée une économie factice où le jeu tient la plus grande place. Quiconque travaille risque la ruine, quiconque spécule risque l'enrichissement. Quoi d'étonnant, si une telle situation déclanche des paniques ? A certaines heures, le peuple se précipite lui-même à la catastrophe, jetant sa monnaie par-dessus bord comme une armée en déroute jette ses armes. Le jeu et la panique, voilà le sort des nations qui n'ont pas le courage d'assainir leur monnaie.

Je sais bien qu'on peut parer à la panique en faisant naître par des moyens appropriés, légitimes ou non, un sentiment de quiétude qu'on appelle la confiance. Mais la confiance n'est qu'une demi-vertu. Elle garantit un peuple contre le mal qu'il pourrait se faire à lui-même. Ne demandez pas plus qu'elle peut donner. Faire de la confiance un système de redressement est une erreur. L'hygiène permet d'éviter les maladies; elle est incapable, à elle seule, de détruire le mal déjà installé dans l'organisme. Une demi-vertu ne suffit pas là où il faut une vertu totale et peut-être même une vertu héroïque. La confiance est sans valeur si la spéculation et le jeu subsistent. Nous avons de cette vérité un exemple sous les yeux.

On nous avait promis l'assainissement financier. Pour des gens non initiés on semble avoir tenu la promesse. Le gros public prend parfois la rhétorique pour l'éloquence. Le franc a remonté; sa stabilité de fait est maintenue. Monnaie tonifiée, monnaie stable : on conclut monnaie saine. La réalité est toute différente. Une monnaie ne devient saine que si elle a repris son rôle de volant régulateur de l'économie et cela n'arrive que si l'économie est elle-même assainie, c'est-à-dire si elle est en état de vivre par le travail et non par le jeu.

Or le gouvernement, dès son arrivée au pouvoir, a montré pour le jeu une complaisance naïve. En faisant voter la loi du 7 août qui permet d'émettre des billets nouveaux, en contre-partie des acquisitions d'or ou de devises, il a fourni les jetons de la partie. On aurait pu, certaines précautions étant prises, utiliser ce moyen pour une inflation de secours qui aurait permis de soulager le poids de la dette flottante et augmenter les facilités de manœuvre. On n'a pas vu aussi loin, si bien que la tactique n'a eu pour résultat que de renverser le système et de faire apparaître l'envers de la confiance.

Je m'explique. A la confiance, statique de sa nature, état d'âme qui engendre le calme propice à l'essai d'une thérapeutique, on a subsitué, grâce aux moyens employés, une confiance dynamique : la confiance-spéculation. On avait bien retiré les anciens jetons du tapis vert mais c'était pour en remettre d'autres. Les pontes sont revenus. Il leur a suffi de changer leur manière : ils jouaient à la baisse, ils se sont mis à la hausse et la partie continue.

Rappelez-vous les événements. Le gouvernement instaure une politique de rapatriement des devises gauchement conduite. Le franc remonte. Il est bientôt pris dans les remous de la spéculation. Peu à peu, il gagne à la main. Jusqu'où ira-t-il ? Il faut l'arrêter. On prend le parti de supprimer pratiquement le marché en absorbant toutes les devises présentées ; la loi du 7 août permet de le faire sans bourse délier ; on en profite. La Banque de France, si elle le veut, peut ainsi rester maîtresse du terrain à condition de créer des francs nouveaux, soit par émission, soit par ouvertures de crédit. C'est ce qu'elle fait tous les jours. Le poste « divers » à l'actif de son bilan montait autrefois à trois milliards. Vingt milliards et plus y sont inscrits aujourd'hui. Ils correspondent à la plus forte inflation de crédit qu'on ait connue.

Inflation gagée, dira-t-on, puisque les francs qu'on émettrait en cas de demande seraient représentés par des devises. Oh ! l'admirable sophisme ! Le jour où nos créanciers, joueurs à la hausse, réclameraient leurs francs, c'est qu'ils auraient modifié leur point de vue et rompu le circuit.

Je ne suppose pas que, pour payer, nous vendions les devises, imprimant ainsi au franc un mouvement dangereux de revalorisation. Il faudrait donc frapper des billets. On n'aurait pas trop, à ce moment, des devises accumulées pour empêcher le franc de baisser d'autant que l'émission de billets nouveaux le pousserait sur la pente. Finalement, nous resterions les mains vides de devises et nous aurions multiplié notre papier. L'inflation gagée conduit à l'inflation pure et simple. Il ne faut pas mettre un doigt dans l'engrenage.

Et comprenez bien devant quel problème nous sommes. Autrefois, on spéculait au delà de la monnaie vers la livre à quatre cents francs. Aujourd'hui, on spécule à l'intérieur de la monnaie vers un coefficient de la valeur française que j'estime être le coefficient cinq parce que c'est celui auquel la monnaie est arrêtée. On ne se demande pas d'ailleurs ce que deviendrait la monnaie si ce décalage des valeurs était atteint.

Mais pour ce jeu il faut des francs. Qui les fournit ? L'Etat. Et voici le paradoxe : si l'on veut garder une monnaie stable dans le système du gouvernement actuel, il faut émettre des francs ou, ce qui revient au même, ouvrir les crédits qui alimentent, en fait, la spéculation : les jetons de la partie. Nous n'entretenons notre hôtel qu'en tolérant un tripot au sous-sol.

Ce n'est pas tout. Faute de jetons pour la partie une richesse échappait encore à la spéculation vers un cœfficient supérieur : la marchandise. Rassurez-vous. Les nouveaux tarifs douaniers, s'ils sont votés tels que le gouvernement les a présentés, vont permettre aux croupiers de lancer la roulette. On ouvre une nouvelle salle de jeu.

Je n'incrimine pas les hommes. Ils croient agir au mieux. Je regrette leur manque de clairvoyance car en définitive c'est là monnaie qui fera les frais de leurs erreurs. Que deviendrait-elle le jour où les spéculateurs des titres français voudraient dénouer leurs opérations, le jour où l'économie faussée aurait fait éclater les prix ?

Il n'est pas de subterfuges qui dispensent de regarder ces problèmes en face. Un jour ou l'autre il faudra cesser de se nourrir d'une vaine pâture verbale. Quand donc en aura-t-on assez de jouer les captifs de la caverne de Platon ? Quand donc sera-t-on las de regarder passer des ombres ? Quand donc aura-t-on le courage du tour de reins qui nous mettra en présence des réalités ?

Et pendant ce temps la presse prend le ton du dithyrambe. Le président du conseil, à certaines heures, n'est point avare de son propre éloge. Dans une audition retentissante à la commission des Finances, au début de l'année 1927, il tint à indiquer le point. Ce qui était vrai à cette époque l'est encore aujourd'hui. On peut donc utilement résumer les déclarations qui furent faites alors. C'était une reddition de comptes, le développement d'un bilan ou plutôt l'histoire du bilan de la Trésorerie depuis le 24 juillet 1926.

A cette date, les caisses étaient vides. Peu à peu on les à remplies. Les procédés furent parfois hardis mais le gouvernement spéculait sur l'action psychologique de la confiance. Les souscriptions de bons de la Défense Nationale ont été à ce point abondantes que la caisse d'amortissement a dû freiner. On a supprimé les bons à un mois, puis à trois mois, puis enfin à six mois. On entre ainsi dans la voie de la consolidation progressive de la dette flottante.

(Cette partie de la politique de M. Poincaré est peut-être, en effet, la plus solide et je comprends qu'il s'en fasse gloire. Aujourd'hui on ne connaît plus que les bons à deux ans et si, pour décharger la dette flottante, on a augmenté la dette perpétuelle, du moins a-t-on écarté un péril certain. Plût au ciel qu'il n'eut pas été « reporté » par la création de cette nouvelle dette flottante que constituent les dépôts excessifs au Trésor).

Je reprends le résumé.

D'autres effets ont été produits : le portefeuille

des particuliers a bénéficié d'une bonification importante tandis qu'à l'étranger le crédit de l'Etat était fortifié. Relisons le communiqué des journaux : « De la comparaison des cours cotés en Bourse les 23 juillet 1926 et 22 janvier 1927 sur les rentes et les valeurs émises par le Trésor et le Crédit National, il résulte que le portefeuille des porteurs de valeurs d'Etat a acquis une plus-value de 17 milliards.

« Le gain, ainsi réalisé par le portefeuille français, ressortirait à un montant plus considérable encore si l'on tenait compte de l'accroissement de valeur du franc.

« A l'extérieur, l'amélioration est plus grande encore. Alors que les opérations réalisées en type 7 % en Suisse et en Hollande et qui intéressaient les chemins de fer de l'Etat et les chemins de fer d'Alsace-Lorraine s'étaient faites successivement pour des titres d'une durée de 25 à 35 ans à 94 % puis 95 % et enfin 95 ½ %, une nouvelle et importante émission, qui se réalisera dans quelques jours en Suisse et sur d'autres places à des conditions à peu près analogues, se fera au prix de 97 %. Son produit donnera de nouvelles ressources à la Trésorerie sans augmenter la dette publique puisque l'opération permettra de rembourser des avances antérieurement consenties ».

Et qu'arrive-t-il au sujet des achats de devises

pour les besoins du Trésor et la tenue des changes ?

Poursuivons la lecture :

« Le Trésor n'a plus effectué, depuis le début de l'année, d'achats de devises; la Banque de France ayant pris en main la surveillance du marché des changes a réussi à assurer une stabilité des cours aux environs de 122 francs la livre ».

On pourrait, sur bien des points, adresser des critiques de détail à la tactique gouvernementale. Je me contente de signaler les résultats acquis. Je souligne également le rôle nouveau assumé par la Banque de France. C'est l'effet de la modification de personnel imposée par M. Caillaux. Quand l'on songe, qu'avant lui, notre grand institut d'émission ne possédait pas un véritable bureau de change ! Quel bouleversement, et combien les hommes habitués aux pratiques anciennes doivent être étonnés des sons qu'on peut tirer d'un violoncelle qu'ils avaient surtout considéré comme un objet d'ameublement.

Mais à quel prix a-t-on obtenu les résultats ?

J'imagine qu'un rapport analogue à celui de M. Poincaré avait dû être fait par le chancelier de l'Echiquier, lors de l'établissement de l'étalon or en Angleterre, peu de temps avant le déclanchement de la grande crise économique. Du moins, M. Winston Churchill avait assuré la stabilité, à peu près parfaite, de la livre alors que M. Poincaré ne nous offre rien d'analogue et je remarque que chez nous aussi la crise est ouverte.

Une pénétrante étude parue dans le *Bulletin Quotidien* a montré que, depuis la guerre, notre capacité d'emploi de la main-d'œuvre était appauvrie. C'est par le trompe-l'œil du financement des régions libérées et du surcroît d'exportations dû à l'inflation que, jusqu'à présent, on avait masqué le phénomène. Il n'en reste pas moins vrai que, dans l'état actuel, notre population active a augmenté alors que notre capacité d'emploi est devenue moindre.

D'où aujourd'hui, le chômage inavoué dont nous souffrons ? Non. Le chômage n'est qu'une manifestation de la crise, laquelle est infiniment plus profonde. Je puis la définir d'un mot : c'est une crise d'inhibition. On n'achète plus, on ne vend plus. Pourquoi ? Parce qu'on attend la baisse ? S'il s'agissait simplement de cette attente, je ne serais pas trop inquiet. La baisse viendrait et l'on pourrait repartir sur de nouveaux frais. Il en serait de même si la crise actuelle était une crise d'assainissement concomitante à un redressement financier. Les parasites de l'inflation disparaîtraient et tout serait dit.

Mais comme on l'a indiqué à très juste titre nous n'avons pas à éliminer autant de toxines qu'on l'imagine. La grande majorité de nos industries correspond à des besoins réels. On s'est moins installé dans l'inflation qu'on ne l'a prétendu.

Alors, quelle est la cause du mal ? Doit-on recourir au diagnostic des prix ? La valeur or des prix français a-t-elle monté à ce point que nous ayons dépassé les prix mondiaux et rendu le commerce difficile ?

Au mois d'août 1927, par exemple, l'indice moyen des prix de gros français ressortit à 631 francs papier, qui valent 131 francs or. Sans doute, le prix or belge est inférieur, puisqu'il cote 124. Mais le prix allemand cote 138, le prix anglais 148, le prix américain 149 et le prix suisse 147.

Nous avons, d'ailleurs, connu un temps où la livre valait à peu près ce qu'elle vaut aujourd'hui ; c'était en novembre 1925 où le sterling était coté 122 francs papier. La situation n'était pas très différente de celle que nous voyons. Voici comment on pouvait établir alors la comparaison du prix or : France, 127 ; Belgique, 125 ; Allemagne, 121 ; Grande-Bretagne, 161 ; Etats-Unis, 163 ; Suisse, 157. Pourtant, à cette époque, nous ignorions la crise. Je veux bien que certains prix étrangers aient baissé. Pas au point que le nôtre, qui n'a pas monté très sensiblement, n'ait gardé un suffisant avantage pour nous permettre un courant d'affaires honorable.

Il faut donc chercher ailleurs. A mon sens, c'est du côté des charges qui pèsent sur l'industrie et le commerce qu'il faut jeter les yeux. Pour alimenter le Trésor et équilibrer le budget, on a grevé l'activité nationale d'une masse énorme d'impôts. Ce sont des impôts d'inflation. Ils supposent un rythme inflationniste de l'économie. Alors que l'inflation moné taire, condition de ce rythme, est arrêtée, leur poid détermine un déséquilibre.

Le désaccord entre le ressort et le balancier arrête l'horloge. Autrefois, l'incertitude de la valeur moné taire rendait hésitant. Aujourd'hui, la certitude d charges empêche encore plus sûrement d'agir. L'in flation monétaire n'est qu'une des formes de l'infla tion. Il faut renoncer à toutes les formes si l'on veu vraiment assainir.

Nos capitaux sommeillent. Autrefois l'inflatio mangeait notre substance et la disproportion entr les prix des matières de remplacement achetées l'étranger, et nos prix d'exportation — je parler plus loin du phénomène — conduisait à l'évanouis sement du fonds de roulement national.

Aujourd'hui il s'évanouit par l'obligation où l'o est, si l'on veut vendre, de vendre au-dessous du pri de revient. Pour faire les échéances on va trouve le soldeur. Et pendant ce temps, le taux de l'argen sert d'appât aux capitaux des étrangers qui vienne sur place s'emparer des richesses que leur apporta autrefois chez eux le courant de l'inflation. Not monnaie stable nous soumet aux mêmes inconvé nients que notre monnaie à la dérive.

Mais alors, dira-t-on, comment sortir du di lemme ? Si l'on supprime des impôts, on pour sans doute rendre à l'économie sa vitalité, mais q deviendra le Trésor ? Faut-il se résoudre à l'u ou à l'autre alternative : économie active mais Trésor vide ou Trésor bien rempli mais économie déficiente ?

Je ne crois pas que le problème doive être ainsi posé, d'autant que le ralentissement de l'économie doit, à la longue, avoir pour répercussion un déficit de recettes fiscales, de même, d'ailleurs, que la pauvreté du Trésor amène, à la longue, un épuisement de l'économie et une crise. Nous le savons par l'expérience des pays qui ont vécu dans l'inflation que nécessite, pratiquement, l'indigence de l'Etat.

En réalité, on a mis la charrue avant les bœufs. On ne redresse pas véritablement une monnaie sans avoir redressé d'abord ou sans redresser en même temps l'économie qui la supporte.

Laisser une économie dans l'inflation ou la contraindre à y vivre par les charges qu'on lui impose, alors qu'on relève la devise, c'est compromettre la solidité de ce relèvement ou condamner l'économie à un marasme dont la monnaie ressentira tôt ou tard le contre-coup.

L'observation en est faite à M. Poincaré par ses plus fidèles partisans. Ils disent que la phase financière de l'assainissement est à présent terminée, qu'il faut maintenant peser sur le plan économique, élargir notre consigne et prendre pour mot d'ordre : économique d'abord. C'est ce passage que n'arrive pas à faire M. Poincaré pour avoir pris la route à rebours,

Un peuple vit par son économie et c'est par la santé de son économie qu'il doit rechercher la santé de sa monnaie.

Ici nous ne trouvons ni l'une ni l'autre. J'ai montré comment la monnaie n'était soutenue que par la spéculation, partie intégrante du système. De même que les changes ont gagné à la main et qu'il a fallu les arrêter en absorbant des devises, aujourd'hui ce sont les devises qui gagnent à la main. Il y en a pour plus de vingt milliards qui forment un acquit innommé, dont on ne peut passer les écritures qu'au poste divers de l'actif de la Banque de France. Estimons-nous encore heureux qu'on leur ait trouvé ce refuge. Si l'on n'avait pas préparé entre elles et la monnaie française un terrain poreux où elles ont pénétré provisoirement, le franc aurait connu une hausse périlleuse pour le pays tout entier et nous étions « vaincus par la conquête ».

Une telle situation est ignorée du public. Elle n'en est pas moins angoissante et on le sait bien à la Banque de France où l'on a vu le poste divers qui contient la traduction en francs des devises achetées, s'enfler démesurément de bilan en bilan.

Qu'on en juge. Au mois de septembre 1926, c'est-à-dire au temps où fut conclue la convention d'application de la loi du 7 août ce poste divers était de 4 milliards environ, comprenant les opérations de l'actif non encore terminées et des comptes de gestion d'une importance secondaire. Autrefois, c'est à ce poste que figurait la gestion des dollars de l'emprunt Morgan.

A la fin de janvier 1927, il est de 9 milliards. Il est de 10 milliards au bilan du 24 mars. Il va augmenter progressivement chaque semaine parfois par bonds d'un milliard et plus jusqu'à atteindre le taux auquel il est parvenu aujourd'hui.

Sans doute, la Banque n'a pas à mettre en circulation, matériellement, les francs qu'elle est autorisée à frapper par la loi du 7 août. Par le jeu du circuit, tout est réduit à des passations d'écritures. Les francs donnés par la Banque pour payer les devises rentrent sous forme de dépôts au Trésor où d'investissements en bons de la défense nationale. De toute façon ils reviennent à la Banque soit par la voie du remboursement des avances faites à l'Etat, soit par celles du compte courant des particuliers, c'est-à-dire pratiquement de la Caisse d'amortissement. Les comptes courants à Paris qui étaient d'un milliard ½ en septembre 1926 sont, en septembre 1927 de 9 milliards ½. Les avances ont été abaissées de 36 milliards à 24. Evidemment la somme de ces deux marges : huit milliards pour les comptes courants et douze pour les avances ne correspond pas uniquement à des opérations de circuit mais je ne crois pas être loin de la vérité en estimant que pour une quinzaine de milliards les deux postes sont débiteurs, envers les vendeurs de devises.

C'est donc, pour une part importante, du poste des avances, sept milliards au moins, que les devises sont compensées pratiquement par des ouvertures de crédit en francs à vue. Les banques titulaires de ces crédits sont, au fond, maîtresses du Trésor qu'elles pourraient vider d'un coup si telle était leur fantaisie.

Un grand établissement comme la Banque de France ne peut aimer vivre ainsi en porte à faux.

Pour donner à ses devises une contre-partie solide et éviter le danger des crédits en francs à vue, la Banque, au printemps dernier, a essayé de se procurer de l'or sur le marché de Londres en convertissant des devises en métal. L'effet ne se fit pas attendre. La Banque d'Angleterre et le gouvernement anglais élevèrent immédiatement une énergique protestation. Et, en effet, cette habile tactique constituait un danger pour nos voisins. Dans leur esprit, leur réserve d'or et l'or, d'une façon générale doit servir à équilibrer la balance commerciale et garantit ainsi la stabilité de la monnaie.

La Banque de France avait traité la Banque d'Angleterre comme si le sterling eût vécu sous le régime du *gold standart*. Il vit sous le régime du *gold exchange standard*, ce qui est fort différent. D'ailleurs la Banque de France, qui, en réalité, n'a pas payé ses sterlings mais les a, en somme, achetés à crédit n'aurait-elle pas eu le moyen, par une telle pratique, de vider tout l'or de la Banque d'Angleterre sans avoir à délier les cordons de sa bourse ? Quelle excellente opération ! On aurait pu régler par la suite les créanciers en leur cédant l'or ainsi obtenu. Tout danger était écarté.

Je grossis volontairement le processus pour faire toucher du doigt ce qu'il a d'anormal. En fait, la quantité d'or demandée à l'Angleterre a été relativement peu importante. Mais les Anglais ont vu, eux aussi, la manœuvre sous un verre grossissant et cela explique leur attitude. La Banque de France leur a restitué, sous forme de prêt, l'or qu'elle avait obtenu en invoquant la convertibilité de la livre. Elle a sagement agi.

D'ailleurs le stock de devises possédé par la France peut présenter encore un autre danger pour l'Angleterre. Imaginez que nous convertissions nos sterlings en dollars. Que deviendrait la devise anglaise ? Ne serait-ce pas pour parer à ce danger que l'Amérique a fait récemment monter la livre au-dessus du pair ?

L'accumulation des devises devait donc préoccuper les banques d'émission mondiales. Il est bien évident qu'il fut particulièrement question de cet énorme stock à la conférence de New-York de juillet dernier. Nous ignorons à peu près tout de ces graves colloques entre MM. Strong, Montagu

Norman, Charles Rist et Schacht. Nous savons seulement par de brefs communiqués que les grandes banques d'émission se sont entendues pour pratiquer une politique de collaboration, de transaction serait peut-être le mot plus exact ; je suppose aussi d'harmonie et j'imagine que si la Banque de France a donné la garantie qu'elle n'userait pas de sa puissance au détriment des autres, les autres ont dû lui garantir qu'elles ne feraient rien pour déclancher l'avalanche qui, un jour ou l'autre, risquerait de s'abattre sur elle ; qu'ils essaieraient même positivement d'en empêcher la chute. Ce sont des promesses platoniques mais que pouvait-on faire de plus ?

Néanmoins, M. Poincaré a essayé d'un autre moyen qu'il croyait efficace pour écarter les dangers de l'accumulation des crédits correspondant aux devises. Il espéra que l'emprunt qu'il lançait en juillet pour rembourser les avances de la Banque arriverait à drainer une part de ce nouveau flottant.

La Banque de France acquiesçait à cette manière de voir. Le remboursement d'une part des avances ne constituerait-il pas pour elle un moyen d'assainissement ? Le bilan de la Banque ne peut être assaini que si les francs qu'il contient sont tous ou à peu près tous gagés. Les seuls francs non gagés sont ceux du poste des avances. Supprimer une part des avances c'est gager d'autant plus les billets en circulation. Ce point de vue est si légitime qu'on néglige de regarder aux moyens. La Banque, lorsqu'elle a émis les billets pour les avances à l'Etat, ne lui a en somme donné que du papier. Est-il juste qu'il lui rende de la monnaie, c'est-à-dire des billets chargés de valeur par leur circulation dans l'économie ?

Au reste, conclure un emprunt pour rembourser les avances, n'est-ce pas remplacer une dette peu onéreuse par une dette qui coûte infiniment plus ? N'est-ce pas aussi remplacer une inflation par une autre inflation ? Car tout emprunt qui ne correspond pas au besoin de paiement d'une dépense productive, qui ne contient pas dans ses conditions même son mécanisme nécessaire d'amortissement, n'est autre chose qu'une traite tirée sans provision ; elle amenuise la valeur nationale tout en obligeant à gonfler la monnaie pour combler le vide. Mais la Banque, dans son désir d'apurer le bilan, n'a pas vu si loin. Le gouvernement pas davantage. Seulement l'un et l'autre se sont trompés s'ils ont cru attirer les francs représentés aux divers car ces francs sont des francs de spéculation, acquis par des gens qui jouent à la hausse de notre devise. Ils se postent en observateurs et désirent garder à leurs capitaux la mobilité nécessaire pour leur permettre d'esquiver la baisse. De tels possesseurs ne souscrivent pas aux emprunts.

C'est donc le bas de laine français qui dut faire les frais de l'opération. Or il venait déjà de verser dix-huit milliards à l'Etat. D'autre part, il était visible que les banques ne se sentaient pas attirées par cet emprunt comme par le précédent. Au total il a peu rendu. Il fallait s'y attendre et je connais maint technicien qui, dès la publication du décret d'émission, avait à peu près prévu le chiffre exact que les souscriptions devaient atteindre.

Le moyen a donc fait faillite.

La Banque de France eut alors l'idée de demander au gouvernement d'autoriser une dérogation à la loi qui défend l'exportation des capitaux et de permettre aux banques de lui emprunter des sterlings pour les utiliser sur le marché de Londres.

Cette opération ne répond que pour une part au besoin d'éviter une rupture de circuit. Lorsque la Banque de France prête ainsi des sterlings aux établissements financiers elle paralyse, pour autant, pendant la durée du prêt, les crédits en francs à vue qui momentanément sont cautionnés par le débit des établissements emprunteurs. C'est peu mais dans la situation où nous sommes il ne faut pas se montrer exigeant. La vraie portée de l'opération est plutôt celle-ci : la Banque de France transfère provisoirement les risques aux établissements de crédit avec lesquels elle traite ; elle permet aux banques de réaliser des gains autrement importants que ceux provenant de l'intérêt minime versé par le Trésor — mais surtout elle rend service à l'Angleterre qui supporte difficilement que la masse de sterlings détenue par la France reste quasi inactive à des comptes de dépôts à Londres. Les journaux américains du temps de la conférence de New-York donnent des indications très nettes dans ce sens.

En somme la Banque essaie d'échapper, dans la mesure restreinte du possible, au péril qui guette nos finances et de se concilier la bienveillance anglaise qui lui est nécessaire. C'est un résultat mais il est mince eu égard au péril. Il ne pourrait être meilleur. Nous sommes coincés de telle manière que nous n'avons plus le moyen de manœuvrer.

Parfois dans les rêves on à la sensation d'avoir péniblement gravi le sommet d'une vieille masure et de se trouver tout à coup debout sur l'extrémité d'une poutre qui surplombe le vide. Il est impossible d'avancer ou de reculer. Il faut attendre du secours en espérant de n'être pas pris jusque-là par le vertige.

La politique monétaire de M. Poincaré me donne un peu cette sensation. Pourvu que cela dure ! N'est-ce pas, d'ailleurs, ou à peu près, ce qu'il disait un jour à la Chambre.

Le malheur c'est que la durée n'apporte pas d'amélioration et qu'on ne voit aucune issue. La crise pendant ce temps grandit et s'étend. L'économie française est malade. C'est l'angoisse au bout de l'impasse. On pense inévitablement à l'occupation de la Ruhr. La méthode est la même.

Je suis plein de respect devant la personnalité de M. Poincaré mais j'avoue que je suis effrayé par son goût pour les situations insolubles.

II

UNE AUTRE METHODE

V

Les méfaits de l'inflation.

Existe-t-il en aucun pays une opinion publique dont les réflexes soient aussi nombreux et aussi rapides que ceux de la nôtre?

Le Français a les nerfs à fleur de peau. Il réagit violemment et à propos de tout. Chacune de ses réactions exprime d'ailleurs, parfois d'une façon exacte, parfois à contresens, l'instinct profond qui le pousse. C'est à l'homme d'Etat de comprendre et de traduire. S'il ne traduit pas ou s'il traduit mal, il n'est pas digne de son métier.

Il a pour premier devoir de connaître l'instinct profond du peuple, sans quoi il risquerait d'en entraver le jeu et par là de comprimer la vie nationale. Car l'instinct du peuple ne le trompe pas et ne trompe pas. C'est la croyance à cette infaillibilité qui domine toute la doctrine démocratique et qui, au fond, doit dominer toute doctrine politique intelligente.

J'ai le sentiment que le malaise actuel vient surtout de l'incompréhension des phénomènes au milieu desquels nous vivons. On cherche des remèdes. Les uns disent : stabilisons la monnaie. Oui, mais comment ? En agissant sur les changes par les méthodes purement cambistes de la convertibilité en or ou en devises appréciées et du jeu de bascule de la masse de manœuvre ?

Le système ne semble pas avoir si bien réussi ailleurs.

D'autres disent : laissons faire. Je ne puis opposer de critique positive à cette passivité qui n'est qu'une négation mais je puis dire, pour le moins, que se laisser glisser sur la pente n'est peut-être pas le plus sûr moyen d'éviter le gouffre.

Si, au lieu d'écouter les donneurs de conseils, nous observions un peu les phases de la maladie dont nous souffrons et si nous nous demandions ce que le peuple pense de son propre mal ? Ce qu'il repousse et ce qu'il demande ?

On a gonflé la monnaie par l'inflation. L'opinion se dresse contre l'inflation. On a eu recours aux emprunts. Les Français, qui cependant sont riches en billets de banque, ne veulent plus souscrire aux emprunts et cela depuis 1923...... bien avant le 11 mai. L'exception d'un des emprunts de M. Poincaré ne fait que confirmer cette règle.

On a enfin demandé des ressources à l'impôt. Visiblement le pays et le Parlement, qui n'est que son miroir, renâclent à l'impôt. Pensez aux récents débats de la commission des Finances de la Chambre.

Voilà des faits. Veuillez y réfléchir et vous reconnaîtrez bientôt, que précisément, l'inflation, l'emprunt et l'impôt ne sont que des manifestations de notre mal financier.

Mais alors que faire ? Attention ! vous êtes dans l'antre et le sphynx a posé l'énigme et vous serez dévoré si vous ne trouvez pas le mot !

Ne serait-ce pas tout simplement qu'il faut procéder par une réforme de l'économie plutôt que par des moyens purement monétaires ?

L'anarchie économique dont on parle depuis si longtemps dans les partis de gauche, ne serait-il pas nécessaire de la faire cesser ?

Là encore l'instinct populaire vous apporte son indication. Si l'on dit plus d'impôts, on dit aussi plus de mercantis et c'est parfois dire la même chose car l'impôt crée la mercante et à voir certains réclamer des taxes comme celle du chiffre d'affaires, on est en droit de se demander s'il n'y a pas là un essai de couverture du stock par l'impôt.

L'instinct profond du pays ne sera satisfait que par une réforme de l'économie.

On parle des changes et de leur influence sur la monnaie. Comment ne parle-t-on jamais des prix qui pourtant eux aussi la conditionnent ?

On veut réformer la monnaie, par les changes,

ne serait-il pas mieux de la réformer par les prix c'est-à-dire par l'économie ?

N'est-ce pas pour avoir méconnu cette vérité, que les Belges ont échoué dans leur première stabilisation ?

J'assistais un jour à une conférence de M. Layton, directeur de l'*Economist*. Ecoutez ce qu'il disait sur la réforme de la monnaie anglaise : « On peut dire que le retour à l'étalon-or a eu lieu à un moment où le niveau des prix aux Etats-Unis et en Grande-Bretagne respectivement n'était pas dans un rapport normal. *Le change, il est vrai, avait retrouvé le pair, mais le mouvement qui anticipait sur celui que justifiaient les prix*, était dû à l'apport de capitaux américains en Angleterre et à l'attente générale du retour à l'étalon-or. Le mouvement ultérieur a ramené à la parité le niveau des prix dans les deux pays, en partie en raison de la hausse en Amérique, en partie par suite de la baisse en Grande-Bretagne, les deux courbes s'étant rencontrées à peu près à mi-chemin. »

N'est-ce pas là une jolie leçon de choses qui revient à dire que, si l'on prétend assainir une monnaie, il faut d'abord lui restituer son vrai rôle d'instrument d'échange, de volant régulateur dans l'économie ?

Politique des prix, organisation de l'économie, quel beau programme !

Saurons-nous le formuler et en poursuivre

éalisation ? C'est de notre habileté et de notre vou-
oir que dépend l'avenir de nos finances.

Pour mesurer le mal que peut faire une monnaie avariée, qu'on me permette de décrire un des maléfices les plus dangereux de l'inflation.

Un Allemand qui fut autrefois fortuné me disait récemment : « J'ai pu sauver de la débâcle [illegible] % de mon avoir tel qu'il existait en 1914 et estime que je ne suis pas à plaindre. » Il s'agit d'un homme qui a joué un rôle important dans un ancien royaume de l'Empire. Pour justifier son dire, il m'exposait la misère où était tombée la classe moyenne allemande par suite de l'inflation et, le sacrifice de la classe moyenne consommé, comment la classe riche, notamment la classe industrielle, à son tour, avait sombré après la réforme monétaire.

C'est, en effet, un lamentable drame que celui des nations qui se sont laissé emporter dans le tourbillon de l'inflation et qui n'ont pas su ou qui n'ont pas pu s'arrêter sur la pente fatale où les entraînait le [illegible] papier.

Il est facile de comprendre à quelles tentations succombent ceux qui lui sacrifient. Il les récompense par la grâce de l'euphorie. Tout semble devenu facile. Les fidèles de son culte éprouvent le sentiment de lévitation que connaissent les habitués des drogues stupéfiantes. La monnaie saine oppose un frein aux consommations déréglées. La monnaie avariée se montre complaisante. On peut tout lui demander. Tel qui, avec la première, n'avait en poche qu'une somme suffisante pour lui permettre de prendre, chaque soir, une modeste consommation avec des amis, peut, avec l'autre, se payer une nuit de fête. Et s'il demandait plus, il aurait plus. Mais à quel prix ?

L'inflation est caractérisée par un désordre qui entraîne une perte de substance. C'est une hémorragie perpétuelle, une évasion qui se produit aussi bien à l'intérieur qu'à l'extérieur et qui a pour conséquence des transferts désordonnés de richesses. L'économie en est viciée et son anarchie est marquée par le change. Il enregistre la déchéance encourue par la valeur dont la devise nationale est la mesure.

Il existe une morale de l'économie comme une morale de la vie individuelle et collective. Elle comporte des sanctions sévères pour ceux qui enfreignent ses règles. Les manquements à la loi d'équilibre déterminent de terribles chocs en retour. On les appelle révolution, faillite, misère. Parfois, c'est par ignorance qu'un peuple s'est mis dans le cas d'encourir les sanctions. Il ne les subit pas moins. Mais il devient coupable s'il ne tient pas compte des avertissements qu'on peut lui donner. Ne confondons pas les prévoyants avec des prophètes de malheur.

D'où est venu le mal chez nous ? Lorsque la guerre a éclaté, l'Etat français eut besoin de mul plier les signes monétaires pour permettre de solder les paiements dont la crise avait considérablement accru le volume. En même temps, pour éviter la dépréciation de la devise, des accords furent conclus qui maintenaient les changes au pair et qui, par conséquent, gardaient au franc sa valeur internationale. Cette inflation de « financement » aurait pu être aussi anodine que celle nécessitée chaque année dans l'ancien Etat russe pour monnayer la récolte de blé. Mais un phénomène était apparu qui devait la rendre nocive et nous lancer sur la pente de la dévalorisation monétaire. Les prix qui étaient officiellement des prix or, puisque le franc n'avait pas perdu, peut-on dire, de valeur par rapport au dollar, montèrent rapidement au-dessus du prix mondial. Ils exagérèrent la dévalorisation infligée à l'or par le cataclysme universel.

J'étudierai plus loin ce phénomène. Je me contente de noter pour l'instant qu'après la suppression des crédits internationaux, la barrière qui les retenait abattue, désormais, la dévalorisation interne fut traduite par les changes. On dit : *traduttore traditore*. Les changes ne font pas mentir le proverbe. La spéculation aidant, ils dépassent l'étiage qui correspondrait au niveau de notre monnaie. Docilement, après les avoir poussés, les prix les rejoignent. Nous avons assisté à la course des prix qui montent, dévalorisant le franc et, par contre-coup, déterminant la hausse des devises appréciées; des devises appréciées qui exagéraient leur mouvement d'ascension et des prix qui, à leur tour, bondissaient pour les rejoindre.

Et voici la signification d'un tel mouvement. Notre prix est devenu un prix papier à partir du jour où nous avons perdu la parité du franc avec les monnaies or. Bientôt la perte de substance a commencé. Elle est apparue à l'intérieur sous forme d'évasion par le bilan commercial et industriel.

Ce bilan comporte une valeur or constituée par le stock. Mais c'est une valeur de remplacement et elle figure dans les comptes pour une somme déterminée de signes monétaires. La monnaie subissant une dépréciation constante, qui est corrigée en apparence par la hausse des prix, une affaire à marche normale accuse, en fin d'exercice, un excédent qui fait croire à des bénéfices. Mais lorsqu'il s'agit de remplacer le stock, on s'aperçoit que les disponibilités sont insuffisantes. On demande alors du crédit à la banque. Les prêteurs de signes monétaires sont appelés ainsi à réaliser un bénéfice que seule la dépréciation de la devise leur procure. Vont-ils, comme les commerçants, le voir évanouir par le jeu de leur bilan ? En aucune manière. Les valeurs or du bilan de la banque, les immeubles notamment, figurent à la réserve et ne sont pas des valeurs de remplacement comme le stock. Non seulement l'inflation les respecte, mais elle augmente leur estimation nominale, si bien que ce que perdent le commerce et l'industrie, par un mécanisme économique inéluctable, est acquis par la banque pour une large part. Voilà pour l'intérieur.

A l'extérieur, le processus de l'évasion peut être expliqué d'une manière plus simple. Au temps de la guerre, tandis que les changes maintenaient notre devise à sa valeur de parité, nos prix avaient dépassé le prix or mondial. A partir du jour où les changes eurent pris le niveau de la dévalorisation interne, notre prix papier a inclus de moins en moins de valeur or. Décalé d'abord de quelques points seulement, il a perdu peu à peu du terrain. Malgré la baisse du prix mondial, il lui est devenu aujourd'hui très sensiblement inférieur. Notre indice au printemps de 1926 — je prends cette date dont les indices de statistique rendront le phénomène plus sensible — est 664. Il ne contient que 116 francs or, tandis que le prix mondial est de 155. C'est-à-dire que nous donnions pour 116 francs ce que l'étranger nous vendait pour 39 francs de plus.

Aujourd'hui l'écart est moins considérable puisque notre prix or est de 122 (1) contre un prix mondial de 149 environ mais l'écart existe toujours et le danger bien qu'atténué n'a pas changé de nature.

Il ne servirait à rien de se cacher à soi-même ses vérités. Nos illusions ne seraient pas partagées par l'étranger et nous le ferions sourire par les éton-

(1) Indice du mois d'octobre. L'indice anglais du mois d'octobre est 146; l'indice des Etats-Unis 154.

nements que nous manifesterions devant son attitude à notre égard. C'est à nous d'arrêter l'évasion et de ligaturer l'artère dont le sang coule, ou de trouver une compensation. Le pouvons-nous ? De toute évidence, et j'en indiquerai certains moyens. Le voudrons-nous ? C'est toute la question.

Une autre question, mais connexe à la première est celle de la stabilisation de la monnaie.

Je reprends l'exemple banal.

Que penserait-on d'un marchand de drap qui mesurerait sa marchandise avec un mètre en caoutchouc ? Il est évident que selon la manière dont il s'y prendrait, ou selon le hasard des circonstances, tantôt il subirait un déficit, tantôt il le ferait subir à son client. Mais, en tout cas, sa mesure ne serait jamais juste et il aurait bien du mal à établir ses prix pour déterminer une rémunération équitable.

Le cas de ce marchand de drap est celui de tous les commerçants quand le change n'est pas stable. C'est qu'en effet, si une monnaie peut avoir une puissance d'achat différente à l'intérieur d'un pays déterminé et à l'extérieur de ce pays ; si le franc, par exemple, peut représenter une puissance d'achat plus grande à l'intérieur qu'à l'extérieur, il n'en est pas moins vrai que, même pour la fixation de la puissance d'achat à l'intérieur, la fluctuation de la monnaie à l'extérieur, c'est-à-dire sa valeur variable par rapport aux monnaies étrangères, exerce une influence prépondérante. Il est donc évident que, tant que les changes sont instables et font varier la monnaie, ses variations peuvent être plus grandes à l'extérieur qu'à l'intérieur, mais n'en sont pas moins réelles sur le marché national, même si l'amplitude des oscillations y est réduite par rapport à celles du marché international.

L'impossibilité de fixer des cours avec une monnaie incertaine conduit à des acrobaties constantes de la comptabilité et incite à la spéculation avec tous ses risques. Le commerçant essaie de deviner de quoi demain sera fait, ou, plus exactement, il joue à la hausse ou à la baisse. Ce sont là des conditions déplorables pour la bonne marche des affaires et pour la sincérité des transactions.

Il est donc naturel que l'on désire, même au besoin par un sacrifice, arriver à fixer d'une manière définitive la valeur de la monnaie : la stabiliser. J'entends par là stabiliser légalement, car une stabilité de fait comme celle d'aujourd'hui n'évite pas les incertitudes qui planent sur l'avenir. L'état d'esprit des hommes d'affaires le prouve surabondamment.

VI

Monnaie saine et économie.

Stabiliser une monnaie, c'est lui donner une valeur définie par rapport aux monnaies étrangères appréciées, celles qui sont les plus hautes — pratiquement la livre et le dollar — et trouver les moyens de maintenir cette valeur.

C'est ce dernier point qui présente les difficultés principales. Jusqu'à présent des stabilisations monétaires ont été effectuées par la majeure partie des pays d'Europe. Toutes ne sont pas satisfaisantes. Dans certains pays, elles ont eu l'inconvénient de faire surgir des crises économiques d'une telle gravité qu'on se demande si véritablement les avantages acquis pour la monnaie n'ont pas été payés trop cher. Ailleurs, la fragilité du système est apparue au bout d'un temps plus ou moins long. L'exemple typique de cette fragilité nous a été fourni par la pre stabilisation belge (1).

La Belgique avait résolu la stabilisation de franc aux alentours de 0 fr. 25, la livre étant 105 fr. Pour atteindre ce résultat, les sacrifice plus lourds avaient été consentis et par le co buable belge et par le monde des affaires. On même dû se plier à des exigences de nations é gères, vexantes pour l'amour-propre national statut de la Banque de Belgique avait dû être fondément modifié. En fin de compte, on étai rivé au terme de l'opération classique de st sation : déterminer une monnaie qui fût é geable contre de l'or ou contre des devises a ciées.

Sans doute, le franc belge ne valait plus offic ment que le quart de sa valeur or, mais du pensait-on qu'il ne pourrait plus perdre un ato cette valeur puisqu'il répondrait désormais au tulat de la monnaie dite « saine », étant é geable contre de l'or ou une valeur équivalente

Mais il fallait, pour garantir le résultat, co sur d'autres ressources que les ressources nales : sur un fort emprunt consenti par l'

(1) La stabilisation italienne a été décrétée au mom l'on achevait d'imprimer ce livre. Il a donc été impossib faire ici l'étude et d'en dégager les enseignements qui blent être de premier ordre.

ger et qui, jouant le rôle de masse de manœuvre, permettrait de soutenir le cours par la possibilité de paiements en or ou en devises équivalentes à l'or.

Et voici qu'au dernier moment tout le système s'est effondré. La livre est montée à Bruxelles en un seul jour de 107 fr. à 116 fr. Cette brusque ascension a déterminé une panique et causé des ruines. La banque belge a fait les plus louables efforts pour limiter le mal. Il n'en fut pas moins accompli et sa cause principale, a-t-on dit, provient des conditions que les prêteurs anglais et américains ont mises, en dernière heure, à la conclusion du contrat d'emprunt. Ils ont exigé que les établissements financiers de Belgique consacrent le plus clair de leurs ressources à la consolidation de la dette flottante, ce qui les eût frappés de paralysie et ce qui eût obligé le monde des affaires à demander ses crédits exclusivement à l'étranger. C'était la main-mise sur les entreprises belges. On aurait, en outre, réclamé une mise en régie des chemins de fer et une augmentation des tarifs, d'où un bouleversement dans toute l'économie du pays. Enfin, les prêts auraient été consentis pour des périodes très courtes ; si bien, qu'en définitive, la Belgique se serait trouvée à la merci de la finance anglo-saxonne.

Le gouvernement belge est arrivé à redresser la situation et à mettre sur pied un nouveau système de stabilisation. Je l'examinerai. Ce que je peux dire dès maintenant c'est que la première stabilisation n'aurait pu avoir pour conséquence qu'u main-mise de l'étranger sur le pays. C'est qu'en eff la stabilisation d'une monnaie ne peut être u cause mais un résultat. La monnaie saine n'est p un point de départ, Elle est un aboutissement. Il n a pas d'assainissement monétaire sans assainis ment préalable de l'économie. Il faut à une mo naie saine le support d'une économie saine.

On se tromperait si l'on croyait que, dans pays à monnaie avariée, le signe monétaire seul malade. Le mal qu'il faut guérir, c'est l'inf tion. Mais l'inflation n'est pas constituée uniq ment par la multiplicité des signes monétaires. E est constituée par un déséquilibre économique g néral, que crée une disproportion entre les moye et les besoins. Des crédits mal répartis ou exagé des affaires sans support, trop d'impôts, trop dette publique : voilà diverses formes de l'inflati

Elles correspondent, chez les particuliers, à d bilans trompeurs qui substituent aux vale réelles : aux valeurs or, des valeurs papier de p en plus dépréciées. On croit avoir fait des bé fices parce que la caisse accuse des excédents n minaux. En fait, on a éprouvé des pertes et d minué sa propre substance.

Elle correspond, pour l'Etat, à des budgets m équilibrés ou encore à un équilibre obtenu par d impôts excessifs qui, au lieu d'enrichir la Tré rerie, l'appauvrissent, car ils ne peuvent être pay qu'à l'aide des réserves dont la Trésorerie bénéficierait et l'Etat, pour les percevoir, est obligé de décaisser, et souvent au delà, les sommes qui reviendront aux percepteurs lorsqu'il doit, par exemple rembourser des bons à court terme pour permettre aux contribuables de s'acquitter envers le fisc. On lui demande parfois plus, en pareil cas, qu'on ne lui rend.

Et tous les mouvements désordonnés de l'économie : l'effort de l'Etat mal calculé, les transferts mal mesurés, la production anarchique, le jeu des spéculations agissent sur la monnaie qui reflète toutes les tares économiques mais qui n'est qu'un reflet.

Assainir par la monnaie seule est aussi illogique que le serait la médication d'une maladie éruptive par un révulsif qui détruirait l'éruption sans supprimer l'infection générale dont souffre l'organisme.

Commençons donc par mettre de l'ordre dans nos affaires publiques et privées, par essayer de clarifier nos vues, par réformer nos méthodes de comptabilité et s'il en est besoin, un peuple peut alors, sans danger d'une prise en tutelle, faire appel au crédit extérieur pour obtenir l'équilibre des changes. Qui veut un crédit doit le mériter. Quiconque cherche un prêteur, sans s'être mis au préalable dans l'état de grâce économique, ne peut trouver qu'un usurier.

Pour la seconde fois la Belgique en novembre 1926 a édicté la stabilisation de sa monnaie. Nos amis belges manifestent une grande confiance d l'opération qu'ils ont entreprise. Cette confiance e elle justifiée ?

Lorsque au mois de février 1926 le Gouvernem belge essaya la première stabilisation, quelle fut raison profonde de l'insuccès, celle qui rendit int tables les prêteurs étrangers ? La voici : l'indisp sable resserrement des crédits dont on attendait rapatriement des devises étrangères et le renfo ment de la monnaie n'eut pour effet que de liqu la dette flottante. Avant de rapatrier leurs dev étrangères les industriels se firent rembourser le bons du Trésor qui correspondent, comme on à nos bons de la Défense Nationale.

Il fallait s'y attendre non seulement parce qu ne peut demander aux hommes d'affaires d'être héros mais aussi parce que le système bancaire la Belgique devait y conduire. La monnaie céda s cette pression. On fut obligé, finalement, de rec rir à une inflation, c'est-à-dire qu'on dévalorisa monnaie. Le court-circuit avait fait sauter le plom

M. Francqui a voulu éviter l'écueil sur leq avait sombré M. Janssen. D'un geste héroïque, mot n'est pas trop fort, il a consolidé la dette fl tante, c'est-à-dire noyé l'explosif qui pouvait fa tout éclater. Oh ! ce ne fut pas sans péril. Penda quelques jours la Bourse se révolta. Le trouble tel que le Gouvernement dut supprimer la public tion de la cote des valeurs belges. Mais sa ferme peu à peu, ramena le calme et la Belgique se trouva ainsi délivrée du cauchemar de la dette flottante intérieure.

Cette précaution prise, le Gouvernement belge estima qu'il pouvait, sans crainte, faire appel aux crédits extérieurs et rechercher son taux de stabilisation. Pourquoi s'est-on arrêté à 174 frs 31 ? M. Franck, gouverneur de la Banque de Belgique en a donné des raisons dans sa conférence faite à la Bourse de Bruxelles le jour de la promulgation des arrêtés de stabilisation.

« Le choix du cours, a-t-il dit, était important. Le Gouvernement, chargé de fixer les cours a fait étudier toutes les phases de la vraie stabilisation. La Commission a demandé à la Banque d'Angleterre d'exécuter le même travail et on a arrêté un cours voisin de 36 francs pour le dollar. »

J'avoue ne pas comprendre : qu'appelle-t-on les « phases de la vraie stabilisation » ? J'aurais aimé que M. Franck voulût bien expliquer un peu sa pensée. Quelques mots suffisent au bon entendeur. Je crains que si ces mots n'ont pas été prononcés cela tient peut être au fait que la recherche du point de stabilisation a été surtout empirique. Je redoute l'empirisme *à priori*.

De même, je me demande si la nouvelle unité de compte, le *Belga*, n'a pas été un peu arbitrairement établie. Pourquoi cet écu papier qui est un franc or affaibli ?

Incontestablement, le *Belga* est une meilleure mo naie que le franc du fait même qu'il est une monn en contact avec l'extérieur. Or, dans les temps tuels, sous le régime du papier, je crains fort q la loi de Gresham ne soit renversée et que ce soit bonne monnaie qui chasse la mauvaise. Le qu tuple franc qu'est le *Belga* ne deviendrait-t-il l'unité sur laquelle, dans l'avenir, on alignerait prix intérieurs ? Ne serait-ce pas une cause de p turbation profonde dans la vie économique belg

Mais il y a plus. Les questions que je vi d'indiquer ne sont en réalité qu'accessoires. Il ex un problème autrement troublant que les arrêtés stabilisation n'ont pas résolu, que leurs rédacte semblent même avoir ignoré.

Suffit-il de dire que c'est la liquéfaction de dette flottante qui a fait échouer la première ten tive de stabilisation et que, par conséquent, la co solidation de cette dette écarte tout danger ?

Mais non. Pourquoi, en mars 1926 a-t-on pr senté au remboursement les bons détenus par trésoreries industrielles ? C'est parce qu'on avait b soin de billets, le volume des prix n'étant pas adap à la monnaie resserrée.

Que peut-il arriver aujourd'hui ?

Le prix de gros belge est aux environs de l'indi 836 ce qui représente, au taux de la livre à 175, un valeur approximative de 121 francs or tandis que l prix mondial est de 149. Si les prix belges restent ur étiage actuel, la stabilisation n'aura pas arrêté émorragie que l'inflation avait déterminée.

Les Belges, vendant aux pays à monnaie saine our 121 francs or une quantité de marchandises u'ils ne pouvaient remplacer qu'en payant 149 ancs — je prends les chiffres d'aujourd'hui à titre démonstration — l'évasion de la valeur belge r la marchandise continuera comme par le passé. emprunt de stabilisation ne servira qu'à combler déficit de la balance des comptes. Ne sera-t-il pas, jour, épuisé en pure perte ?

Imaginons au contraire que le prix belge monte squ'à atteindre la parité du prix mondial, c'est-dire le point où les prix n'opposent plus aucun bstacle à la stabilisation de la monnaie. Cette parité avec la livre à 175 frs exige l'indice 1.059 environ. Pourra-t-on monter jusque-là et augmenter arallèlement le fonds de roulement national sans ecourir à l'inflation ? Alors que deviendra la monnaie ? L'effet ne serait-il pas exactement le même que celui du remboursement des bons lors de la première stabilisation ? Je ne fais que poser des points d'interrogation. Combien je souhaiterais que fût satisfaisante la réponse qui sera donnée d'ici quelques mois par les événements !

En tout cas l'expérience dure depuis un an, les prix sont restés à peu près à leur niveau du début la stabilisation. Mais quel est aujourd'hui le niveau des sommes dont la Belgique disposait pour maintenir son franc ?

Cherchons un autre exemple tiré d'une monnaie qui a évolué en vase clos, c'est-à-dire dans les conditions théoriques les meilleures pour l'établissement d'une monnaie saine. Regardons vers la Russie où le rouble tchervonetz subit, lui, monnaie or, les mêmes vicissitudes que les pauvres monnaies papier.

Quand un peuple opère une révolution aussi radicale et se résout à une faillite aussi complète que l'a fait le peuple russe, il a beau jeu, évidemment, à créer du nouveau, puisque le passé ne vient pas entraver son action.

A vrai dire, on peut se demander pourquoi la Russie des Soviets a éprouvé le besoin de conserver l'instrument d'échange qu'est la monnaie, alors qu'elle appliquait la doctrine pure du marxisme. L'Etat, seul producteur et seul répartiteur de richesse, ne pouvait-il pas rétribuer le travail par des payements en nature ? Sans doute, en théorie, mais pratiquement, alors que, dans sa première phase, la révolution russe avait supprimé tout le commerce libre, elle n'avait pu éliminer une activité économique non étatisée à laquelle elle devait, d'ailleurs, quelque reconnaissance : le Centrosoyous ou union des coopératives. Comment fermer les portes d'une maison où l'on n'avait jamais pratiqué l'économie capitaliste et qui, pendant si longtemps, avait eu la mission de faciliter, dans la mesure où les institutions le permettaient, l'émancipation économique du prolétariat ? Oui, mais comment auraient pu commercer les coopératives sans un instrument d'échange, c'est-à-dire sans une monnaie ?

Les soviets voulurent que cette monnaie fût aussi belle que possible et l'on peut dire qu'ils déployèrent pour y arriver toutes les ressources de l'habileté technique de financiers qui taillent dans le vif. Par un système bancaire ingénieusement conçu, ils parvinrent à condenser, sous forme de réserve métallique et de masse de devises appréciées, l'ancienne substance monétaire volatilisée. Et ainsi apparut, dans le pays, désemparé par la guerre civile, une monnaie or d'une pureté absolue, égale au dollar sur le marché des changes, qui lentement, sagement, rayonna autour d'un centre, et étendit peu à peu son action.

Il faut bien convenir que les techniciens russes avaient eu la partie belle. L'Etat possédant le monopole du commerce extérieur, aucune évasion de valeur ne pouvait être produite par des importations ou des exportations mal calculées. En d'autres termes, le rouble tchervonetz n'était pas soumis aux intempéries de l'économie internationale.

A côté de ce rouble, gagé par des métaux précieux et par des devises appréciées, l'Etat soviétique admettait la circulation de billets d'Etat, sortes de *currency notes* qui, eux-mêmes, étai solidement gagés et par conséquent participaient la santé du tchervonetz.

On aurait pu croire que le rouble tchervon ne courait aucun risque tant qu'il ne subirait p de contact libre avec les autres monnaies du mond Le Gouvernement des soviets avait pris bien soin lui éviter ces contacts. Seul client sur le marché d changes, il lui était possible d'écarter les confront tions désavantageuses.

Mais on n'avait pas pensé à l'ennemi du deda c'est-à-dire aux prix. Et voici que les prix o comme ailleurs, fait leur œuvre et peu à peu d précié, à l'intérieur même de l'Union des rép bliques soviétiques, une monnaie conservée intacte l'extérieur et jalousement maintenue au niveau dollar.

Dès 1923, le rouble tchervonetz ne vaut plus q 8,70 au lieu de 10 pour le prix de gros et 7,4 pour le prix de détail. Au mois de janvier 192 sa puissance d'achat est tombée à 5,81 pour le pr de gros et 5,06 pour le prix de détail. Au premier janvier 1926, les chiffres étaient les suivants : 5,4 pour les prix de gros, 4,47 pour les prix de détail. Le tchervonetz n'a pas sensiblement monté depuis. J'enregistre les chiffres suivants : janvier 1927, 5,64 pour le prix de gros et 4,81 pour le prix de détail; juillet : 5,77 pour le prix de gros et 5,0 pour le prix de détail.

On peut donc dire que, quels que soient désormais les efforts du Gouvernement, le rouble tchervonetz ne peut plus maintenir sa parité avec l'or. Une inflation deviendra nécessaire pour donner à la monnaie un volume correspondant à celui des payements. Les prix ont détruit une devise laborieusement établie et dont la solidité apparente avait étonné les techniciens de la finance.

Je vois là une preuve de plus que rien de sérieux ne peut être établi en matière monétaire si l'on ne veille pas, avec un soin jaloux, à l'économie qui doit supporter la monnaie.

Pas plus en Russie qu'ailleurs, la monnaie ne peut être dissociée de l'économie.

VII

Les prix et la stabilisation.

Une monnaie en équilibre suppose une économie équilibrée et, par conséquent, des prix en harmonie avec les prix mondiaux. Les monnaies avariées ne portent pas le prix or mondial ou, plus exactement, c'est parce qu'elles ne le portent pas qu'elles sont avariées. Quand la monnaie est avariée il se produit, comme je l'ai montré, une évasion de valeur par les marchandises. Tant que dure cette évasion ou même, simplement, tant que l'économie reste intoxiquée par l'inflation, la monnaie ne peut être assainie et stabilisée.

Agir seulement sur la monnaie pour obtenir la stabilisation est non seulement dangereux, parce qu'on risque ainsi de se soumettre à la tutelle d'étrangers qui exigeront des gages pour accorder leur aide, mais inopérant. On aura beau restreindre les crédits nationaux, c'est-à-dire employer le moyen classique pour éviter l'évasion par le commerce, cette évasion, à moins d'un arrêt quasi total de la vie économique, n'en subsistera pas moins. En Belgique, je le rappelle, pour se procurer les disponibilités que raréfiait la manœuvre de la première stabilisation, on a réalisé des bons du Trésor et l'on a ainsi fait éclater la monnaie. Et si la monnaie belge n'avait pas porté au flanc cette torpille de la dette flottante, si on avait pu la colmater hermétiquement, c'est le chômage et la crise industrielle qui en auraient eu raison car l'économie, privée du poison inflationniste, aurait subi un arrêt brusque, faute d'adaptation aux conditions nouvelles.

L'échec de la première stabilisation belge tient, en réalité, au fait qu'on n'avait pas assaini l'économie et dominé les prix avant de toucher à la monnaie. C'est par là qu'il faut commencer.

En effet, dès qu'une monnaie est avariée, les prix deviennent anarchiques et ce sont eux qui contribuent principalement à la dévaloriser. Lorsqu'ils montent, la monnaie baisse : c'est fatal. Ils peuvent même arriver à la détruire complètement. Ce fut le cas en Allemagne.

Pendant longtemps, le Reich avait, à l'aide de taxations draconiennes, assuré la survie du mark en lui conférant une puissance d'achat factice à l'intérieur du pays. Le commerce payait les frais de la dépréciation monétaire par des difficultés sans nombre et à travers le chaos des faillites. Il vint un moment où il fallut ouvrir les écluses sous peine d'étrangler le monde des affaires. Dès lors, les prix eurent leur revanche. Ils attaquèrent la monnaie et l'inflation commerciale, autrement terrible que l'inflation d'Etat, eut vite fait de détruire définitivement le mark.

En France, au temps même où les accords interalliés maintenaient le change sensiblement au pair, les prix avaient déjà fait leur œuvre. Ils s'étaient élevés en synchronisme avec la multiplication des signes monétaires et, pourtant, le franc n'avait pas encore perdu en Bourse sa valeur nominale. Dès le début de 1915, nos prix dépassent le prix mondial. Ils ne cesseront plus de monter sauf aux époques de crise économique.

De plus, un phénomène morbide va très vite apparaître : le prix de détail va perdre, par sous-évaluation, sa parité avec le prix de gros. Si bien que le franc aura déjà deux valeurs; l'une inférieure pour le gros, l'autre supérieure pour le détail. On pourrait dire, si les changes avaient été livrés à eux-mêmes, une valeur externe et une valeur interne. Alors que l'indice de gros et celui de détail étaient à 122 en janvier 1915, peu de temps après, le décalage est opéré. On s'en rendra compte par le tableau suivant, où on a pris pour type le mois d'octobre des années de guerre à partir de 1915 (1).

(1) Les chiffres cités sont des chiffres de statistiques. Il faut donc les envisager comme tels, c'est-à-dire attacher surtout de l'importance à leurs rapports entre eux et à leur pro-

(100=indice 1914)

	Prix de gros	Prix de détail	Livre
Octobre 1915 ...	155	120	27,45
Octobre 1916 ...	197	138	27,80
Octobre 1917 ...	290	184	27,75
Octobre 1918 ...	368	237	26,07 (2)

Les prix ont donc évolué indépendamment des changes. Alors que le marché des devises respectait la monnaie, ils l'ont frappée de déchéance, et si, à l'armistice, nous avions voulu la ramener aux proportions de jadis, ils nous en auraient empêchés par la sanction décisive qu'ils avaient donnée à l'inflation fiduciaire.

N'allons pas nous étonner, après ces constatations, que la chaîne des crédits internationaux, par lesquels on soutenait le franc, ait été rompue au début de 1919. Ni en Angleterre, ni en Amérique il n'eut été tolérable qu'une devise qui, sur son propre sol avait, compte tenu de la dévalorisation de l'or, perdu 60 %

gression qui indique le sens des phénomènes auxquels ils s'appliquent.

(2) Voici la suite du tableau :

	Prix de gros	Prix de détail	Livre
Octobre 1919	390	283	36,15
Octobre 1920	512	420	53,27
Octobre 1921	338	331	53,46
Octobre 1922	344	290	60,96
Octobre 1923	429	349	76,05
Octobre 1924	508	383	85,79
Octobre 1925	584	433	109,38
Octobre 1926	767	624	165,55
Octobre 1927	600	520	124,05

de sa valeur, gardât la même puissance d'achat que le dollar et la livre sur les marchés de New-York et de Londres. Désormais, les changes allaient être déchaînés ; on sait jusqu'où ils sont allés.

La hausse des prix prévient plutôt le change qu'elle ne le suit et l'on peut même dire qu'un change élevé, sans hausse actuelle, n'est autre chose qu'une hausse en espérance car les acheteurs de devises ne s'aventureraient pas s'ils ne se sentaient, par avance, couverts par les prix.

Je rappelle que les bilans de la Banque de France du mois d'avril 1926, c'est-à-dire de l'époque où les premiers impôts de consommation sont votés à la demande de M. Raoul Péret, illustrent d'une façon singulière cette action des prix sur les changes.

De tels phénomènes sont faciles à comprendre. La hausse des prix atteint la puissance d'achat de la monnaie, et par conséquent, sa valeur par rapport aux monnaies saines.

Mais du moins obtiendrait-on par là le bénéfice d'arriver au prix mondial, c'est-à-dire de placer notre économie sur l'alignement des économies à monnaie or ? En aucune manière. Plus les prix papier montent, plus ils s'éloignent du prix mondial, parce qu'ils chassent devant eux les devises appréciées. Au lieu d'augmenter leur valeur or, ils la perdent progressivement. Voici, à titre d'exemple, des chiffres pour nos prix des derniers mois de 1925 :

100—indice 1914.

Prix or mondial théorique 150 (1).

			Prix de gros	Valeur
Août	1925	....	569	138
Septembre	—	....	567	139
Octobre	—	....	584	135
Novembre	—	....	618	127
Décembre	—	....	646	125

La hausse est donc inopérante. On pourra m'objecter que dans l'exemple que je donne, si la hausse a produit cet effet, c'est parce qu'elle n'a pas été assez forte. Je réponds que plus elle le serait plus elle exigerait de moyens de paiement, c'est-à-dire d'inflation qui décalerait le change.

La baisse produirait encore plus sûrement le même effet que la hausse. Reprenons le tableau ci-dessus en supposant, les mêmes conditions de change étant réalisées, une dépression progressive à partir de l'indice du mois d'août. Voici le résultat :

			Prix de gros	Valeur
Août	1925	....	569	138
Septembre	—	....	500	122
Octobre	—	....	450	104
Novembre	—	....	400	82
Décembre	—	....	350	68

(1) On admet que l'or a perdu 50 o/o de sa puissance d'achat depuis la guerre d'où l'indice théorique choisi pour exprimer le prix mondial. En fait, depuis 1914, le prix or mondial a longtemps dépassé cet étiage. Actuellement il semble s'y tenir.

La baisse décalerait d'ailleurs le change comme la hausse, non plus par l'inflation, mais par la perte de substance.

Pour atteindre le prix mondial il faut que la condition suivante soit réalisée : le prix papier doit être égal au prix or mondial multiplié par le coefficient de dévalorisation de la monnaie. C'est-à-dire que le chiffre par lequel on multiplie le pair de la livre pour obtenir le taux du change doit être le même que celui par lequel on multiplie le prix mondial pour obtenir le prix papier.

Supposons que ce chiffre soit 4 et que le prix mondial soit 150. On aura :

150×4=600 prix papier
25,22×4=100,88 cours de la livre

Cet équilibre peut être obtenu avec un coefficient quel qu'il soit. Si on n'y est pas arrivé spontanément, ce qui serait difficile avec une monnaie instable, ce qui serait plus facile avec une monnaie stable, il faut manœuvrer pour l'atteindre et, si on l'avait atteint, manœuvrer pour le maintenir.

Comment ? La hausse continue est inopérante. La baisse continue le serait également. La seule méthode consiste à stabiliser le prix de gros. Je ne parle pas du prix de détail, dont le mouvement dépend du retour progressif à la santé monétaire. Stabiliser les prix c'est les arrêter à un étiage où ils soient praticables eu égard à la circulation.

Cette stabilisation est possible. Les Anglais l'o[illegible] opérée en 1925 pour revenir à l'étalon or. [illegible] France, le comité des Houillières est pratiquem[illegible] arrivé à maintenir le niveau de ses prix de 19[illegible] à 1926.

Sans doute, la manœuvre est délicate. Il faut, p[illegible] la pratiquer, de meilleures méthodes commercia[illegible] une surveillance attentive du marché et peut-être [illegible] politique de restrictions intelligentes. Il faut co[illegible] ner l'action des producteurs et du gouvernem[illegible] suivre scrupuleusement un programme de sinc[illegible] et de prévoyance.

Je ne donne ici qu'un schéma théorique. J'[illegible] minerai plus loin les moyens pratiques de réal[illegible] tion.

On aurait, de cette manière, enlevé aux prix to[illegible] leur nocivité. Le marché des changes, débarrass[illegible] ses parasites et soumis à la règle du *non possu*[illegible] d'acheteurs disciplinés et fermes dans leur de[illegible] de ne pas abandonner la position choisie, ne c[illegible] naîtrait plus la fièvre. Dès lors, les devises ap[illegible] ciées baisseraient jusqu'au point de concord[illegible] avec les prix, à moins que l'on ait aligné les [illegible] sur un change stable, en fait, comme il l'est [illegible] jourd'hui ; et corrélativement, on verrait grandi[illegible] à peu la valeur or du prix de gros dont le prix [illegible] détail se rapprocherait progressivement. En [illegible] d'opération, les conditions nécessaires à la stab[illegible] sation seraient remplies, mais nous ressentir[illegible] déjà les bienfaits de la stabilisation virtuelle dès la mise en œuvre du plan de restauration.

Est-ce à dire que cette manœuvre suffirait et qu'il ne faudrait pas en même temps agir directement sur les changes ? Evidemment non. Il est nécessaire de recourir non seulement à ce moyen mais à bien d'autres encore dont j'indiquerai la série pour arriver à l'assainissement que suppose une stabilisation bien faite. Mais il convient de donner à chacun de ces moyens sa place hiérarchique. Je considère que la manœuvre des prix est la pièce maîtresse du système.

L'action sur les changes serait d'ailleurs grandement facilitée par l'action sur les prix. Effectuée isolément, comme on le fait actuellement, elle est inefficace pour arriver à la stabilisation car si les prix montent ils risquent de la rendre difficile et s'ils baissent, alors qu'en fait la monnaie est stable, ils s'éloignent de plus en plus du prix mondial. C'est ce que nous voyons aujourd'hui (1).

(1) Le tableau ci-dessous fait suite à celui qui a été donné au texte et le complète. On remarquera qu'à partir de la stabilisation de fait, après des oscillations entre novembre 1926 et février 1927, la baisse du prix français diminue sa valeur en or. Dans l'appréciation de la valeur or, on a négligé les centimes.

Année 1926	Prix de gros	Valeur or
Janvier	647	126
Février	649	123
Mars	645	119
Avril	664	116

J'ai défini ainsi ce que j'appellerai la base thé-rique de toute stabilisation. Dans la pratique, comm-je l'exposerai par la suite, il n'est pas indispensab-de suivre une logique aussi rigoureuse. Il peut mêm-être avantageux de ne pas la suivre à conditio-qu'on ne s'en écarte pas trop.

On pourra m'objecter que je donne trop de pla-à ce qu'on appelle la théorie quantitative de la mon-naie. La multiplication des signes monétaires, p-suite de la hausse des prix, a donc une telle impor-tance ?

Avec une monnaie à parité or ou une monna-pleinement stabilisée je réponds : évidemment no-

	Prix de gros	Valeur d-
Année 1926		
Mai	702	114
Juin	754	114
Juillet	856	108
Août	785	115
Septembre	804	119
Octobre	767	116
Novembre	698	124
Décembre	641	131
Année 1927		
Janvier	635	130
Février	645	131
Mars	655	133
Avril	650	132
Mai	642	131
Juin	636	129
Juillet	633	128
Août	631	128
Septembre	613	125
Octobre	600	122
Novembre	607	123

En pareil cas, on a devant soi une marge et la circulation, si le rythme économique l'exige, peut ne pas être rigoureusement proportionnée à la quantité de signes monétaires que supposerait l'étiage de la monnaie. L'Angleterre nous en donne un exemple. Encore qu'il y aurait beaucoup à dire dans son cas.

L'économie anglaise a cruellement souffert de la manœuvre monétaire et je crains que la circulation soit moins nécessitée, en Grande-Bretagne, par les besoins économiques que par l'obligation de fournir des moyens de paiement pour le formidable budget du pays.

Mais lorsqu'on n'a pas arrimé la monnaie d'une façon définitive, tant qu'elle est encore sujette aux coups de bélier de l'extérieur, je considère qu'on ne peut pas impunément multiplier les signes monétaires même si on les gage. On ferait ainsi de l'inflation commerciale et du désordre économique qui, tôt ou tard, aurait sa répercussion sur la monnaie elle-même. Lorsqu'il s'agit d'une économie mal disciplinée et d'une monnaie encore instable ou de l'une des deux seulement, la théorie quantitative garde toute sa valeur.

VIII

Les manœuvres de l'assainissement

Arrimer la monnaie, c'est la stabiliser, c'est-à-dire pratiquement, dans un cas comme le nôtre, abandonner une part de sa valeur ancienne pour la placer sur un niveau plus modeste.

Pourquoi ne pourrions-nous tenter de rendre au franc sa valeur d'avant-guerre ? J'entends bien que les partisans de la revalorisation deviennent de moins en moins nombreux. Ce n'est pas une raison pour négliger l'examen du problème.

J'imagine que, par une manœuvre sur les changes qui ne paraît pas impossible avec des procédés analogues à ceux du ministère Poincaré, on ramène et qu'on fixe la livre au cours de 25 fr. 22 et le dollar à 5 frs. 18, leur cours d'avant-guerre. Rien ne s'y opposerait à la condition qu'il y eût en France assez de signes monétaires pour permettre de payer un budget suffisant pour faire fonctionner les services publics et assurer le service de la dette de l'Etat. Après tout, c'est cette condition réalisée en Angleterre qui a permis à la livre de revenir au pair de l'or et la dette anglaise est plus importante que la nôtre et le budget anglais est à peu près du double de celui de la France. Mais une telle circulation, qui supposerait des prix or rigoureusement à l'étiage du prix mondial, supposerait également une activité économique considérable.

L'Angleterre, malgré la crise qu'elle subit arrive, néanmoins, à trouver, tant bien que mal, il est vrai, un courant suffisant pour une masse de signes beaucoup trop importante eu égard à sa monnaie. Chez nous, à cause des pertes que la guerre nous a infligées, à cause aussi de notre structure économique, il ne pourrait en être ainsi et c'est pour cette raison qu'il serait sinon théoriquement impossible du moins pratiquement absurde de tenter cette aventure.

Voilà pourquoi, de telles ambitions nous étant interdites, la sagesse exige que nous marquions l'appauvrissement que nous avons subi par un affaiblissement de la monnaie et par une stabilisation au-dessous du pair ancien.

Au moins pouvons-nous tirer un avantage de cet affaiblissement. Les prix ont tendance à être d'autant plus forts que la monnaie est plus forte.

Un phénomène psychologique bien connu fait que dans un pays déterminé l'unité monétaire sert d'unité de mesure. On compte en Amérique en dollars, en

Allemagne en marks comme nous comptons en francs.

Chez nous, encore à l'heure actuelle, le franc exerce son prestige et garde une puissance d'achat supérieure à sa valeur réelle. On le sent dans la différence qui existe entre le prix de détail, qui est un prix intérieur, et le prix de gros qui sert de point de contact avec l'étranger.

Le prix de gros subit lui-même cette survalorisation psychologique et c'est une des raisons qui le rend inférieur au prix mondial. N'avons-nous pas d'ailleurs toujours pratiqué en France des prix inférieurs au prix mondial ? Certes, la distance entre les deux n'était pas celle d'aujourd'hui mais notre franc était au pair de l'or. On peut donc admettre que l'on stabilise les prix au-dessous du prix mondial mais à la condition que la déperdition encourue de ce fait et que j'ai décrite, soit compensée par une balance commerciale favorable. En d'autres termes, nous pouvons nous permettre de vendre bon marché si nous vendons tellement que le profit résultant de nos ventes compense la différence entre notre prix de vente et le prix d'achat des marchandises de remplacement. Notre balance des comptes ne sera pas ainsi défavorablement influencée.

La marge doit évidemment être limitée si l'on veut que l'effort soit possible. Si je doute de l'avenir de la stabilisation belge c'est précisément parce qu'en Belgique je trouve cette marge excessive. De 120 environ, prix or de la Belgique à 150 prix or mondial théorique la distance me paraît trop considérable pour être comblée par l'activité économique du peuple belge. La déperdition de valeur doit jouer presque autant que lorsque la monnaie n'était pas stabilisée.

Il y a donc un calcul à faire. De même nous devons songer que si la monnaie est vraiment assainie et stabilisée, le prix de détail et le prix de gros se rejoindront. Il faut donc que le prix de gros soit établi de telle manière que le prix de détail soit supportable au consommateur.

En fait, c'est forcément de la consommation qu'il faut partir car l'ordre économique ne sera réalisé qu'à cette condition : que chacun puisse vivre dans la nation.

D'autre part, il faut que les salaires puissent être payés par l'industrie; que l'Etat puisse être payé par le contribuable; que le rentier puisse être payé par l'Etat et ses autres créanciers aussi.

J'entends par là surtout nos anciens alliés avec lesquels des arrangements fermes doivent être pris. C'est la question des dettes interalliées. Si je la traitais séparément, j'entrerais dans certains détails et je rechercherais, notamment, s'il n'y aurait pas moyen de trouver tel système de paiement qui ne fût pas trop onéreux pour le budget. Les Américains consentiraient certainement à se prêter à des combinaisons techniques où eux-mêmes trouveraient des avantages. Ici je n'indique qu'une méthode. Les experts avaient parfaitement raison de dire que la stabilisation suppose le règlement des dettes interalliées. Il n'y a rien de possible tant qu'on reste sur ce point dans l'incertitude.

Ces diverses propositions peuvent être résumées d'un mot : il faut revenir à la vérité.

Un tel retour suppose qu'on abandonne l'erreur c'est-à-dire l'inflation sous toutes ses formes. Il faut donc faire de la déflation. Ayons le courage de le reconnaître.

Tout d'abord la déflation fiscale. On ne peut renoncer aux autres formes de l'inflation tant qu'on n'a pas aboli l'inflation fiscale; j'entends par là des impôts qui supposent que les autres formes d'inflation existent, qui par leur excès les créent si elles n'existent pas à moins qu'ils ne paralysent l'économie.

Cette remarque indique à quel genre d'impôts il faut renoncer dès l'abord : à tous ceux qui ont une influence directe sur les prix.

La déflation fiscale conduit à la déflation budgétaire. Il faut comprimer les dépenses publiques. Par l'adaptation générale c'est possible, dans une certaine mesure, pour la partie du budget qui alimente les services publics. Mais celle qui contient les ressources destinées au service de la dette est incompressible.

Et si la dette publique est trop lourde ?

Il ne serait ni possible ni juste de la réduire en rognant sur l'avoir des rentiers. Je n'ignore pas qu'ils ont eu déjà beaucoup à souffrir et qu'ils peuvent regarder d'un œil d'envie le rentier anglais à qui le retour à la monnaie or a rendu la plénitude de sa puissance d'achat. La stabilisation consoliderait leurs pertes. Mais, à vrai dire, plus les années passent plus les hypothèses choquantes sont atténuées. Peu à peu une adaptation est faite. Néanmoins on ne saurait aller au delà et c'est à une contribution exceptionnelle de la fortune acquise qu'il faudrait recourir, s'il était besoin d'opérer une déflation de la dette pour permettre l'équilibre du budget.

Les conversions ne semblent pas possibles d'ici longtemps. L'amortissement tel qu'on le pratique aujourd'hui est un leurre car il n'est guère qu'une consolidation. Utile pour écarter le danger de la dette flottante; peut-être même pour parer aux échéances de la dette à court terme et dispenser de prévoir un aménagement nouveau de ces échéances ou une consolidation, il n'a qu'une influence restreinte sur la masse de la dette publique.

Je sais bien qu'on a fait un épouvantail du prélèvement sur le capital. La peur qu'il a inspirée n'a pas été sans répercussion et sur l'évasion des capitaux et sur l'attitude des possédants au cours des dernières années.

Je n'ai jamais été partisan de la méthode du projet socialiste qui avait l'inconvénient d'instituer un impôt échelonné sur un grand nombre d'années. Comme tout impôt on aurait essayé de récupérer celui-là et les prix en auraient subi le contre-coup. Peut-être même aurait-on dû, par voie de conséquence, multiplier les moyens de financement si bien qu'au lieu de détruire l'inflation on l'aurait peut-être provoquée.

Reste le principe dont la valeur est incontestable. A mon sens, une contribution exceptionnelle de déflation doit répondre aux conditions suivantes : être payable d'un coup non pas en monnaie mais en titres d'Etat ou en valeurs équivalentes. Payable d'un coup, comme des droits de succession pour éviter la répercussion sur l'économie et la récupération par les prix. Payable en titres d'État destinés à être détruits ou en titres équivalents, qui serviraient à l'amortissement, afin d'éviter la création de nouveaux signes monétaires.

J'ajoute qu'on devrait prévoir un large abattement à la base pour éviter une crise de sous-consommation.

Ces conditions exigent qu'une telle contribution n'excède pas certaines limites. Sans doute, elle serait moins radicale que celle proposée par le parti socialiste, moins opérante aussi. Il me suffirait qu'elle fût possible et pratique.

Les salaires, les impôts, le budget, tous ces termes, posent une seule et même question : celle du fonds de roulement.

J'ai essayé de démontrer qu'il était impossible de rien tenter sans avoir, au préalable, acquis la maîtrise sur les prix. Toutes les autres mesures sont inefficace si l'on n'a commencé par prendre celle-là. Les prix doivent appliquer la consigne de l'assainissement.

Supposons les prix disciplinés ou plutôt en voie de l'être. Aucune consigne ne peut leur être confiée si l'on ne connaît la masse nécessaire à la circulation et si l'on n'assure la fixité de cette masse. Je serais bien étonné si, en la fixant, on n'était pas amené à la réduire, à faire par conséquent de la déflation monétaire.

A l'inverse, on ne peut affirmer cette fixité si l'on n'a pas l'assurance de la réglementation des prix.

Par quel procédé peut-on arriver à ce résultat ?

Je commence par dire que des lois sur la spéculation et la hausse peuvent constituer des épouvantails à moineau mais qu'il n'en faut rien attendre. Il est d'ailleurs très difficile, sinon impossible, de caractériser les délits de cette espèce. On arrive à le faire tant bien que mal dans les cas isolés ; a vrai dire, on frappe au hasard. Enfin la répression, comme la chirurgie, ne doit intervenir que dans les cas extrêmes. Pour la vie ordinaire, l'hygiène et la thérapeutique sont préférables.

Examinons de quelle manière les prix sont établis. Je ne parle pas du prix de détail qui oscille selon les variations du prix de gros et le degré de santé monétaire. Le prix de détail sous le régime de la monnaie avariée est un satellite. Inférieur au prix de gros, il s'écarte de lui d'autant plus que la monnaie est plus malade. La parité des deux prix n'apparaît qu'avec la pleine santé monétaire.

C'est donc le prix de gros seul qu'il faut considérer.

Lorsque la monnaie est pleine, il est a parité de celui que connaissent toutes les nations à monnaies pleines. Sans doute, la fixité est loin d'être absolue mais les décalages étant simultanés, les inconvénients et les avantages sont les mêmes dans le même moment pour chaque pays. Cette solidarité les rend moins sensibles.

Au contraire, dans des pays à monnaie dépréciée, le prix de gros n'est pas à parité du prix or des monnaies pleines : du prix mondial. Son niveau est déterminé par une sorte de compromis entre la valeur externe de la monnaie, c'est-à-dire sa valeur or et sa valeur interne. Cette première constatation suffit à démontrer que le prix de gros des monnaies avariées n'est pas uniquement soumis aux influences économiques. Un certain arbitraire préside à son établissement.

L'ensemble des prix de gros peut être ramené à un petit nombre de rubriques essentielles dont les autres dépendent et ces rubriques sont régies pratiquement par quelques hommes. Leur entente fait la hausse ou la baisse. Ils décrètent l'une ou l'autre selon des règles qui ne sont peut-être pas toujours dictées par le souci de l'intérêt général.

L'incertitude de la valeur permet une telle autonomie.

Mais est-il légitime de laisser ainsi quelques puissants producteurs prélever une sorte d'impôt sur le consommateur par la hausse ou sur le commerce par la baisse ? D'autre part, les détenteurs des prix de gros sont-ils toujours avertis des conséquences de leur tactique ? Leur est-il possible d'agir selon des vues d'ensemble que seul un gouvernement peut avoir ?

Il est donc pleinement justifié que les pouvoirs publics interviennent — non pas, il est vrai, avec l'arme rigide d'un texte législatif mais par voie d'ententes dont la nécessité apparaîtrait, j'en suis convaincu, aux intéressés si l'on voulait bien se donner la peine de leur démontrer ce qui est la stricte vérité : qu'ils n'ont qu'à gagner à la répression de l'anarchie économique dans laquelle nous vivons. Un gouvernement possède d'ailleurs des moyens d'imposer, avec souplesse, sa volonté aux producteurs, en cette matière.

En tout cas, la discipline des prix est une nécessité inéluctable de l'assainissement. « Pas de paix monétaire sans victoire sur les prix », je reprends cette formule que j'ai empruntée à M. Joseph Dubois. Ils doivent être arrêtés et maintenus, c'est-à-dire stabilisés, au niveau choisi en harmonie avec le prix mondial. C'est dire, comme je l'ai déjà indiqué, que le niveau des prix stabilisés détermine le taux de la stabilisation monétaire. Il est logique qu'il en soit ainsi, puisqu'ils résument par un chiffre les points de concordance déterminés par les manœuvres de l'assainissement.

Si l'on veut stabiliser véritablement la monnaie, on ne peut choisir le taux arbitrairement ; il faut opter, selon les circonstances et les moyens dont on dispose, soit pour les changes de ses prix, soit pour les prix de ses changes.

En déterminant le taux de stabilisation, on doit, il est vrai, prévoir un certain battement, car il ne faudrait pas que la discipline des prix fût inflexible. On risquerait de causer une stagnation économique. De même que par des frictions sur la peau on facilite la circulation du sang, des mouvements légers de hausse et de baisse devraient être tolérés, peut-être même décrétés, pour activer la vie économique mais ces oscillations devraient être peu étendues.

Les crises imprévues peuvent, il est vrai, trop facilement déjouer les prévisions, mais s'il s'agit de crises générales, la monnaie n'en peut guère souffrir. Elle n'est appréciée que par comparaison. Dans la crise générale, les rapports de monnaie à monnaie sont respectés. Quant aux crises locales, je suis convaincu qu'elles seraient pour la plupart conjurées par l'entente intelligente et la discipline.

La réglementation des prix n'est pas autre chose qu'une opération de déflation économique. Le jour où les prix seraient réglementés, c'est-à-dire adaptés à la vie générale du pays, aux proportions voulues par la production, la consommation et le fonds de roulement, ils exprimeraient une vérité économique qui ferait disparaître le mensonge des industries parasitaires, j'entends celles qui ne vivent que par l'inflation. Ils deviendraient ainsi des prix justes qui, ne permettant plus ni les profits exagérés, ni les gains que leur anarchie actuelle laisse réaliser aux joueurs et aux spéculateurs, obligeraient à réfréner les consommations excessives.

En somme, dans tous les domaines, la nécessité de la déflation apparait mais tout le processus de l'assainissement est conditionné par l'action primordiale sur les prix, c'est-à-dire sur l'économie.

Tel me paraît être l'ensemble des manœuvres préalables. Sitôt qu'elles auront été accomplies, on pourra songer à stabiliser la monnaie. Je ne craindrais même plus à ce moment l'appel à l'aide étrangère mais je préfèrerais de beaucoup qu'elle fût réalisée sous forme d'ouverture de crédits, comme ont fait les Anglais, plutôt que sous forme d'emprunts.

Je résume d'un mot : assainissons l'économie si nous voulons assainir les finances.

Les gouvernements successifs qui se sont efforcés de résoudre le problème financier n'ont rien tenté dans ce sens. C'est à cette faute qu'est dû leur insuccès. Ils ont trop vécu sur les idées d'autrefois, ils ont trop compté sur le jeu de règles périmées.

En temps normal, lorsque la monnaie est saine on peut se contenter d'agir comme ils ont fait.La santé de l'économie est toujours indispensable, il est vrai, mais la monnaie suffit à la procurer. Par sa rigidité même elle sert de frein aux changes.

Dans l'état où nous sommes, une telle consigne n'est plus tenue par la monnaie. C'est donc à l'Etat d'y suppléer. La monnaie saine est le volant régulateur de l'économie. Si l'on veut y revenir il faut d'abord que l'économie disciplinée devienne le volant régulateur de la monnaie avariée.

La monnaie saine joue automatiquement son rôle. L'économie ne peut jouer le sien que si elle est réglée avec intelligence et fermeté. Elle ne connaît pas l'automatisme. Même son caractère frondeur rend assez difficile qu'on lui impose le joug. Il le faut néanmoins. Ce n'est que lorsqu'elle aura assaini la monnaie et lui aura restitué sa fonction qu'on pourra se contenter des méthodes d'autrefois. Jusque là il faut des méthodes nouvelles.

On ne les a pas inaugurées. Les ignore-t-on ? Je crois plutôt qu'on a peur d'y recourir.

Si cette pusillanimité subsiste, ne nous étonnons pas d'errer au hasard dans la nuit du labyrinthe, puisque nous ne voulons pas employer le fil d'Ariane.

Quatre discours prononcés à la Chambre sur la question financière.

L'emprunt avec garantie de change.

(*Séance du 26 juin* 1925).

M. Chabrun. Je ne retiendrai pas longtemps l'attention de la Chambre. Je veux seulement présenter quelques observations à M. le ministre des finances.

Lorsqu'il est arrivé au pouvoir, nous attendions de lui un grand projet général d'assainissement. Il nous a présenté un projet d'équilibre. Puis, rétrécissant encore l'horizon, il nous présente aujourd'hui un projet de couverture d'échéance.

Pour la couverture de cette échéance, il nous demande, d'abord, de voter 6 milliards d'inflation. Sur ce point, des éclaircissements seront nécessaires, car les besoins de la trésorerie ne semblent être, dans les jours qui vont venir, que de 1.800 millions; et les disponibilités en billets de la Banque de France, d'après le bilan publié hier soir, paraîtraient suffisantes.

Mais ce n'est pas là tout le projet. Après avoir rétréci l'horizon, M. le ministre des finances l'a élargi. Tout d'abord, il a donné un coup de chapeau à l'esprit de réforme; et je l'en remercie.

Peut-être a-t-il eu tort de s'attribuer à lui-même une prépondérance particulière pour arriver à réaliser les réformes que proposera la commission des économies; et c'est une inélégance constitutionnelle que de ne pas demander le contreseing au ministre compétent. Mais enfin, à mon sens, ce n'est là qu'une faute vénielle

Reste l'article 3 du projet.

A maintes reprises, M. Caillaux nous a dit et a fait dire dans la presse qu'il n'était pas un thaumaturge. J'estime que c'est là pure calomnie, car, avec sa baguette magique, il vient de faire un geste qui doit, d'un seul coup, résorber la dette flottante. D'un seul coup, cette dette doit être consolidée en un emprunt or.

Si je comprends bien le projet, il s'agit d'un emprunt qui sera fixé sur le cours du dollar au moment de l'émission, dont les arrérages, par conséquent, monteront si le dollar monte. Je ne suppose pas qu'ils baisseront si le dollar baisse au-dessous du taux, au jour de l'émission.

M. le ministre des finances fait un geste de dénégation. Je ne dirai pas que c'est un plafond, mais un plancher. On ne descendra pas au-dessous de 4 p. 100. Je pense, monsieur le ministre, que c'est à ce taux que vous voulez émettre votre emprunt Mais cet emprunt or, avec une garantie or, qui le garantira ? Comment trouvera-t-on la garantie de cette garantie ? Il vous faudra des dollars pour la garantir. Sont-ce les dollars de l'emprunt Morgan qui vont vous servir ou auriez-vous d'autres ressources ?

C'est une question que je pose, à laquelle je voudrais vous voir répondre.

A l'heure présente, aux taux actuels, vous aurez, pour cet emprunt, à payer une somme de francs que vous pouvez chiffrer. Je suppose, monsieur le ministre, qu'il réussisse pleinement, c'est-à-dire que vous absorbiez les 60 milliards de dette flottante. Vous auriez à payer 2.400 millions.

Si le franc baisse dans des proportions notables, ne craignez-vous pas que la somme, accrue par ce fait, ne soit d'un poids trop lourd pour votre équilibre budgétare de l'avenir ?

Et puis, enfin, il y a une autre question plus grave. En créant l'emprunt or, vous allez former deux catégories de porteurs de fonds d'État : ceux qui posséderont des fonds d'Etat or et les autres.

Ceux qui posséderont des fonds d'Etat or seront des gens qui auront intérêt à la baisse du franc.

Ces porteurs, quels seront-ils ? Quels sont ceux qui détiennent actuellement des bons, et qui vont vous les remettre ?

Vous savez bien que, pour une large part, les bons sont détenus par les banques. Ne craignez-vous pas que, précisément, vous ne facilitiez, par cet emprunt, une spéculation, que nous avons déjà vu agir sur notre marché ? (*Applaudissements sur divers bancs à gauche et à l'extrême gauche*).

Vous créez, par votre emprunt, un franc or, que vous le veuilliez ou non.

Comment empêcherez-vous qu'on ne se serve de ce franc or

dans les transactions, qu'on ne passe, par exemple, des marchés, en stipulant que le prix sera payé en coupons de votre emprunt ?

Ne voyez-vous pas que vous risquez de faire jouer ici une règle économique qui se retourne dans les temps modernes ? Autrefois, on disait : « La mauvaise monnaie chasse la bonne », et c'était déjà un danger économique. Aujourd'hui, dans les pays qui ont fait certaines expériences, on peut dire que la bonne monnaie chasse la mauvaise. Et cela signifie que profitent de cette opération tous les puissants, et que la classe moyenne et les ouvriers sont écrasés. (*Applaudissements sur divers bancs à gauche, à l'extrême gauche et au centre*).

Enfin, que va-t-il advenir du porteur de rente française, le brave homme propriétaire de 3 p. 100 ordinaire, qui va voir peut-être déprécier les rentes déjà si maigres qu'il touche ? Que va-t-il advenir de ce porteur, qui est un petit porteur ? Car ce serait une erreur de croire qu'en France les porteurs de rente sont de gros capitalistes. Il y a des rentes chez toutes les petites gens. Les petites bourses sont constituées par la rente française. (*Très bien ! très bien ! à gauche et sur divers bancs.*)

On dit : « Sans doute, les inconvénients du système sont indéniables, mais cette absorption de la dette flottante va arrêter la chute du franc. » Je ne crois pas qu'elle suffise, parce qu'il n'y a pas que la dette flottante qui pèse sur notre franc. Sa chute a bien d'autres causes : et la cause principale c'est que, depuis la guerre, la monnaie a changé de caractère, qu'elle jouit d'une économie propre, qu'elle est devenue un peu comme l'homunculus de Faust, qui vit d'une vie abstraite, et qu'au lieu d'être, comme autrefois, engrenée dans l'économie nationale, d'être simplement un moyen d'échange, elle est devenue un moyen de spéculation. (*Applaudissements sur divers bancs à gauche et à l'extrême gauche et au centre*).

C'est pourquoi je dis : Votre emprunt or, je l'accepterais, s'il faisait partie d'un plan général d'assainissement. (*Applaudissements sur les mêmes bancs*).

Croyez-moi, il est indispensable d'avoir la vue d'ensemble d'un grand projet d'assainissement des finances et d'amortissement de la dette. Hors de cela, il n'y a pas de salut. (*Nouveaux applaudissements.*)

Je ne veux pas prendre parti, ce soir, sur les moyens qu'on pourrait proposer. Je me refuse à donner, dès ce soir, la priorité à l'un d'eux. Je n'en écarte aucun; mais je demande à réfléchir.

Aujourd'hui, il faut parer au plus pressé. Parer au plus pressé, cela signifie vous donner de suite les moyens dont vous avez besoin immédiatement. Ces moyens, même si c'est par l'inflation qu'il faut vous les donner, la mort dans l'âme, parce que je suis l'ennemi de l'inflation, je vous les donnerai. (*Très bien ! très bien ! sur divers bancs*). Dans un pays comme la France, il n'est pas impossible, à certaines heures, de faire un pas en arrière, si ce pas doit être suivi de plusieurs pas en avant. (*Très bien ! très bien ! sur les mêmes bancs.*)

Seulement, ce qu'il nous faut demain, je ne dis même pas après-demain, ce sont de grands projets d'assainissement qu'il ne sera pas nécessaire de faire voter vite, non pas subrepticement, mais au grand jour et qu'on pourra exposer par avance à tout le monde. Car, s'ils sont de l'envergure qu'il faut, vous pouvez être certain que les petits calculs, que l'on essaie de déjouer par des discussions brusquées, ne pourront prévaloir contre eux.

Aujourd'hui, je vous demande de ne pas compromettre ces projets par des mesures qui engageraient le pays dans une politique financière déterminée, qui le placeraient sur une voie où je suis sûr que vous ne voulez pas le conduire. (*Vifs applaudissements sur divers bancs à gauche, à l'extrême gauche et au centre*).

Le projet Painlevé.

(Séance du 17 novembre 1925).

M. CHABRUN. Messieurs, comme les précédents orateurs, je commencerai en rendant hommage à l'effort considérable qu'il a fallu faire pour mettre sur pied le projet qui nous est présenté.

Des difficultés énormes apparaissaient à ses rédacteurs, difficultés inhérentes au sujet même, et, on peut le dire, aux hommes, dont certains avaient pris position en faveur de systèmes déterminés et voulaient qu'on en tînt compte.

Pour donner satisfaction aux diverses tendances, on s'est efforcé de les conjuguer. Le but certain que l'on a visé a été de donner à la nouvelle contribution, au maximum, le caractère démocratique. Mais je crains qu'à vouloir trop bien faire, on n'ait manqué le but. Puisqu'il s'agit d'une contribution annuelle, c'est-à-dire d'un impôt qui nous est présenté comme temporaire, nous sommes en droit de demander qu'il revête les deux caractères de l'impôt démocratique, c'est-à-dire la progressivité et le dégrèvement à la base. Or, nous ne trouvons pas ces deux caractères dans les taxes que le projet tend à instituer. On a voulu, en réalité, adopter des mesures qui fussent en même temps un impôt et une sorte de prélèvement sur le capital. Ce sont deux termes qu'on a essayé de concilier, mais que je déclare inconciliables.

Qu'est-ce, en effet, messieurs, que le prélèvement sur le capital ? Ce n'est pas un impôt, c'est une amputation. Si, techniquement, cette amputation était possible, j'avoue qu'elle serait infiniment tentante cette transfusion de richesse des particuliers à l'Etat, qui, en fin de compte, laisserait chacun proportionnellement aussi riche qu'il l'était avant, tout en assainissant les finances de la nation.

Nous sommes ici dans le domaine des idées. Je ne parle pas de leur application aux faits. Je conteste cette application en déclarant d'ailleurs que, si l'on trouvait le moyen d'arriver à cette amputation bienfaisante, qui donnerait au pays la santé dont il a besoin, il ne faudrait pas hésiter à la faire. Mais le prélèvement n'est pas un impôt et, il est nécessaire que j'attire l'attention de la Chambre sur ce point, il s'agit d'une mesure qui est en dehors des catégories de notre droit fiscal ordinaire qui ressemblerait un peu à ce que nous avons connu sous l'ancien régime : le don gratuit, c'est-à-dire un don fait hors série des impôts, une fois pour toutes, ou renouvelé si c'est nécessaire, mais qui ne rentre pas dans le système de fiscalité générale. Les mots « prélèvement sur le capital » ne sont que des mots et il est inutile de vouloir à tout prix persévérer, en suivant une doctrine que certains ont cru la bonne mais qui ne l'était peut-être pas, dans une voie qui se terminerait par une impasse.

Cependant, il faut regarder le problème de l'assainissement en face, en se disant que peut-être le moyen exceptionnel qui nous fut proposé aurait pu, sous une autre forme, conduire au résultat cherché.

Une sorte de mystique du prélèvement sur le capital a été créée dans le pays, soit pour le préconiser, soit pour le combattre. Cette mystique révèle l'instinct admirable de notre peuple qui, traduisant, même parfois par des contre-sens, sa pensée profonde, a conçu avant tout l'idée que, pour l'assainissement financier, il était bon de demander à la nation une contribution qui ne fût pas comme les autres impôts, qui eût un caractère particulier, qui fût hors catégorie, comme un « don gratuit » que feraient les citoyens à l'Etat afin de lui permettre d'honorer sa signature, qui est en même temps leur signature.

Si on avait pu se dégager des formules, si on avait pu aussi faire abstraction — je reconnais que c'est difficile — des règles générales de notre droit fiscal, on se serait vite aperçu que l'on se trouvait en présence de réalités qu'il faudra bien voir un jour, et l'idée serait apparue d'un subside exceptionnel, qui aurait pu être progressif et dont on aurait dispensé les contribuables les moins fortunés. On serait arrivé ainsi à donner au pays les moyens qui lui sont nécessaires, sans les décorer du nom pompeux des anciennes idées qu'il a fallu abandonner, mais en satisfaisant vraiment aux besoins nationaux par une mesure fiscale exceptionnelle qui pût répondre à l'idée que s'en fait la nation.

Puisqu'on a abandonné cette voie, on aurait dû l'abandonner entièrement. Au contraire, on a voulu faire entrer le concept de prélèvement sur le capital dans les catégories fiscales ordinaires. D'une amputation, on a fait un impôt réel, si bien que, les taxes se greffant sur notre système moderne d'impôts personnels, on a, en somme, allié l'eau et le feu, l'impôt réel et l'impôt personnel, et l'on a ainsi collectionné, peut-on dire, tous les désavantages de l'un et de l'autre.

C'est ainsi que les nouvelles taxes ne permettent pas l'abattement à la base, qui a été admis seulement pour les professions libérales et pour les biens oisifs. Je ne parle pas du régime des bénéfices agricoles, où il s'agit non pas d'un abattement à la base mais de l'exemption d'une certaine catégorie de petits contribuables.

On n'a pas créé la progressivité de l'impôt, que le système rendait impossible. Les petites fortunes sont donc frappées comme les grandes.

On est arrivé logiquement à une mesure qui me paraît bien difficile à admettre : la taxation de la rente. Je ne serais peut-être pas hostile à cette taxation s'il avait été possible d'instituer des dégrèvements. Mais il y aura taxation réelle du coupon de rente. Je pense alors au petit rentier qui a donné tout son argent au moment de la guerre, qui n'a pour vivre que ce que représentent les coupons qu'il touche à chaque échéance et je me demande comment il va supporter l'impôt dont on veut ainsi charger ses épaules. (*Applaudissements.*)

Les nouvelles taxes ont, par ailleurs, les inconvénients de l'impôt personnel. Ce sont des supertaxes qui diminuent la matière imposable pour les exercices suivants.

M. de Tinguy. Très juste !

M. Chabrun. Nous sommes ainsi en présence de « l'impôt qui se dévore lui-même », dont parlait M. Caillaux. N'allons-nous pas vers des moins-values et l'avenir ne nous réserve-t-il pas, de ce fait, des déceptions ?

Enfin, brochant sur le tout, les nouvelles taxes n'empêchent pas l'évasion fiscale.

M. de Tinguy. Au contraire !

M. Chabrun. Cette évasion peut, à certains moments, surtout en ce qui concerne les valeurs mobilières, être considérable.

Il y a donc là toute une série d'inconvénients qu'il ne faut pas méconnaître. J'ajoute d'ailleurs que, si ces inconvénients sont inhérents au système qui a été adopté, ils sont aussi, dans une large mesure, inhérents aux règles générales de notre fiscalité. (*Applaudissements à gauche*).

Malgré ces inconvénients, et quoiqu'il nous en coûte de ne pas voir appliquer dans ce projet les principes de l'impôt démocratique, la progressivité et le dégrèvement à la base, mes amis et moi sommes disposés à l'accepter, à la condition que nous obtenions la certitude qu'il conduira à un amortissement véritable. Si nous avons cette certitude — et nous allons voir à quelles conditions il peut en être ainsi — nous pensons que ce projet du Gouvernement, malgré ses inconvénients, doit être adopté, en ce moment où l'assainissement financier est une nécessité absolue, et urgente.

M. le rapporteur général. Très bien !

M. Chabrun. J'arrive à la question de l'amortissement.

Ici, on a simplifié la tâche. Je dirai même qu'on l'a trop simplifiée, puisque l'on est allé jusqu'au moratorium. Nous aurons à revenir sur ce point lors de la discussion des articles.

Je n'accepte pas volontiers, pour mon pays, tout ce qui peut ressembler à une faillite. Si l'Etat a des difficultés financières, la masse de la nation doit pouvoir y parer, elle est assez riche et assez laborieuse pour cela, elle est capable de faire son redressement par elle-même. (*Très bien ! très bien !*)

Cherchons donc, avant d'accepter des moyens que je puis appeler de concordat, pour ne pas employer le mot de faillite, à découvrir toutes les solutions qui permettraient de les éviter.

Enfin, le Gouvernement demande — c'est un peu hors du projet, mais il faut en dire un mot — une nouvelle avance de la Banque de France de 1.500 millions. Sur ce point encore, je fais toutes mes réserves. Le moment venu, je demanderai à M. le rapporteur général et au Gouvernement de compléter leurs explications, qui ne m'ont pas paru, au premier abord, suffisantes pour me convaincre.

Le Gouvernement et la commission veulent, avec raison, créer une caisse d'amortissement. Je les félicite. Mais pourquoi lui donnent-ils un rôle trop étriqué ? Pourquoi ne lui confierions-nous pas l'amortissement total, je ne dis pas des dettes interalliées ni des dettes extérieures à long terme, mais de la dette intérieure tout entière et de la dette extérieure à court terme ?

M. LE RAPPORTEUR GÉNÉRAL. Voulez-vous me permettre de vous expliquer tout de suite pourquoi ?

M. CHABRUN. Je vous en prie.

M. LE RAPPORTEUR GÉNÉRAL. Une première raison est que nous n'avons pas réglé la question des dettes extérieures. Par conséquent, nous laisserions à la caisse d'amortissement le soin de réaliser un travail qu'elle est actuellement dans l'impossibilité d'accomplir, puisque le règlement des dettes n'a pas été fait.

M. CHABRUN. J'ai exclu précisément les dettes extérieures.

M. LE RAPPORTEUR GÉNÉRAL. Je croyais que vous ne l'aviez pas fait. Dans ce cas, je m'excuse de vous avoir interrompu.

M. CHABRUN. J'exclus les dettes extérieures parce que je suis, à ce sujet, totalement de votre avis.

Mais je vous demande pourquoi vous ne donnez pas à la caisse d'amortissement la gestion de la dette intérieure tout entière, avec mission d'amortir, d'abord, la dette flottante, qui est la plus gênante, et ensuite, progressivement, les autres dettes ?

M. LE RAPPORTEUR GÉNÉRAL. Elle a mission d'amortir toute la dette publique.

M. CHABRUN. Dans votre texte, vous ne lui confiez que la gestion et l'amortissement de la dette à court terme et des bons du trésor.

Il faut bien considérer que l'Etat n'est pas une abstraction. Il représente la collectivité des citoyens. Ses dettes sont donc celles de tous les citoyens. C'est pourquoi je désirerais que, dans l'opération que vous allez faire, et que je voudrais totale, dans la mesure où ce sera possible — les dettes étrangères étant naturellement exceptées — la collectivité prît en charge les dettes qui sont siennes, de façon à dégager le crédit de l'Etat.

Voilà comment je comprends l'amortissement : un amortissement très large, par un organe ayant la charge non pas seulement d'une partie, mais de la totalité de la dette.

D'ailleurs, voyez à quoi conduit l'idée d'une caisse d'amortissement chargée d'amortir seulement une partie de la dette !

Tout à l'heure, mon cher rapporteur général, vous me

disiez que la caisse d'amortissement aurait bien à amortir la dette perpétuelle, puisqu'elle rachèterait des titres.

Certainement, elle va racheter des titres de rente perpétuelle, mais savez-vous ce qu'elle va en faire, si votre texte subsiste ? Elle ne les détruira pas, elle ne les poinçonnera pas, comme elle fera des titres de la dette flottante ou de la dette à court terme.

M. LE RAPPORTEUR GÉNÉRAL. Si !

M. CHABRUN. Mais non puisqu'elle pourra les escompter, c'est-à-dire les remettre dans le commerce.

M. LE RAPPORTEUR GÉNÉRAL. Non.

M. CHBRUN. Ces titres escomptés iront bien quelque part.

M. LE RAPPORTEUR GÉNÉRAL. Elle ne pourra pas escompter ceux-là, elle ne pourra escompter que son portefeuille. Or, on n'escompte un portefeuille que lorsqu'on a des titres à échéance de trois mois. Ce n'est pas le cas de la dette publique.

M. LOUCHEUR. On ne peut pas escompter ces titres à long terme à la Banque de France, mais ailleurs on peut les escompter.

M. CHABRUN. Votre article est beaucoup plus large que cela. Sur ce point, nous aurons, lors de la discussion des articles, des précisions à donner et nous les donnerons.

En tout cas, la caisse percevra les coupons, si bien que le système que vous instituez ressemble fort au système du docteur Price.

Ce système de caisse d'amortissement a fonctionné en Angleterre de 1768 à 1829, puis en France de 1816 à 1871. Savez-vous ce qu'il a donné pour la France ? Le fait que l'Etat était obligé de payer à la caisse d'amortissement les coupons des titres qu'elle avait achetés l'a obligé, pour amortir une dette de 1.800 millions, à emprunter 6.800 millions. L'opération ne me paraît pas particulièrement avantageuse.

Donc, je crains que le fonctionnement de la caisse d'amortissement ait été établi de telle façon que cette caisse ne puisse jouer vraiment le rôle que je voudrais lui voir jouer.

Ce que je crains, ce n'est pas que l'Etat soit obligé d'emprunter dans l'avenir pour lui payer les coupons qu'il lui devra. Ce que je redoute, c'est qu'il fasse de l'inflation. (*Très bien ! très bien !*)

Je me demande s'il n'y aurait pas lieu, sur ce point, de

revenir, dans le détail, sur le fonctionnement de cet organisme d'amortissement.

Enfin, on donne à la caisse un pouvoir d'émission. Je ne parle pas de la loterie. Je réserve ce sujet pour plus tard.

Le pouvoir d'émission, c'est une porte ouverte, qui devrait rester close.

Je me hâte de dire qu'il n'est pas impossible, sur les différents points que je viens de signaler, d'arriver à des transformations de la caisse d'amortissement qui la rendent plus conforme au rôle que je crois logiquement devoir être le sien.

On doit créer avant tout un organisme capable d'amortir sûrement et de donner au public la certitude, dont il a besoin, que nous mettons un fond au tonneau des Danaïdes. (*Très bien ! très bien !*)

Mais l'amortissement suffit-il pour arriver à l'assainissement financier ?

L'assainissement financier, dans la pensée générale, comporte deux termes : amortissement de la dette, équilibre budgétaire. Voilà jusqu'à présent les deux seuls éléments qu'on envisage.

En effet, l'équilibre budgétaire et l'amortissement sont solidaires. Mais s'il est vrai que l'équilibre budgétaire peut seul permettre une dotation régulière de la caisse d'amortissement, êtes-vous sûrs de votre équilibre budgétaire ? N'êtes-vous pas, comme le disait M. Duboin, en train de bâtir sur le sable mouvant ? Votre bilan est d'aplomb sur le papier. Mais les jours passent, le franc baisse, vos prévisions sont anéanties. Qu'arrive-t-il ? Le déficit apparaît et que devient alors votre amortissement ?

Les mesures qu'on nous demande aujourd'hui ne peuvent donc être, en réalité, que des amorces. Mais ces amorces, seraient inutiles si un programme général ne venait s'y joindre,...

M. LE RAPPORTEUR GÉNÉRAL. Nous sommes tout à fait d'accord.

M. CHABRUN... concernant la stabilité monétaire, le change.

Pour la stabilité monétaire des différents systèmes dont M. Duboin a parlé avec tant d'éloquence, il y en a que, comme tout le monde, je repousse, il y en a d'autres contre lesquels je n'ai pas de préventions. Mais avant d'essayer ces systèmes ou, si vous voulez, en les essayant, il est nécessaire de procéder à une réforme générale de l'économie française. Tant que vous ne l'aurez pas fait, tout ce que vous aurez tenté sera vain.

Ayant, par hypothèse, stabilisé votre monnaie à un point déterminé, si vous n'êtes pas en même temps devenus les maîtres de votre change, dites-vous bien que la stabilisation est inutile et que c'est simplement la faillite à jet continu.

J'admire toujours, dans le bilan de la Banque de France, que l'on fasse figurer en tête de la colonne de l'actif les francs or de l'encaisse métallique et qu'on les additionne avec les francs papier, parce qu'on considère que le franc papier a un avenir.

Je le crois aussi; il a un avenir qu'il serait dangereux, à mon sens, de limiter volontairement par ce qu'on appelle une dévaluation, mais, en tout cas, quelles que soient les précautions que vous ayez prises, si vous ne tenez pas vos changes, ces précautions resteront vaines.

Pour tenir les changes suffit-il d'agir simplement sur la Bourse ?

Je sais bien qu'on peut arriver ainsi à les stabiliser avec l'aide étrangère. Je sais bien qu'on peut demander à de puissants pays de nous venir en aide et qu'ils y seront tout disposés. Je sais bien aussi qu'il est nécessaire — M. Dubois l'a dit — que la masse d'or qui a traversé l'Atlantique revienne de ce côté-ci de l'eau. Nous sommes d'accord sur ce point.

Mais, croyez-moi, ne faisons appel à l'étranger que dans la mesure où nous serons certains que cet appel ne nuira pas à l'autonomie nationale. Ce que nous pouvons faire par nous-mêmes, faisons-le. C'est plus sûr, nous serons plus tranquilles. (*Applaudissements.*)

Or, ce que nous pouvons faire par nous-mêmes, c'est une réforme de notre économie générale.

On se plaint de la spéculation. Combien trouve-t-on de spéculateurs qui soient de véritables délinquants ? La spéculation, la plus dangereuse peut-être, n'est pas celle qui conduit devant les tribunaux, c'est celle qu'on fait par la force des choses, parce que les événements vous y amènent. Et si les événements vous y amènent, à qui la faute ?

Est-ce à ces commerçants qui sont obligés de se couvrir parce que les changes sont instables ? Non, la faute en est aux pouvoirs publics, qui n'ont pas su prévoir et dominer les questions qui doivent, avant toutes les autres, les préoccuper. (*Applaudissements à gauche.*)

C'est le cas de répéter la parole de Cicéron dans la Catilinaire : *Nos consules desumus.*

Il ne s'agit pas ici de rejeter toute la responsabilité sur le Gouvernement. Nous, Parlement, nous partageons avec lui cette responsabilité devant le pays. Si nous ne veillons pas, nous risquons de terribles mécomptes.

La question du change est liée au commerce extérieur. Or, il n'y a pas d'assainissement financier, par quelque système que ce soit, sans un contrôle rigoureux du commerce extérieur et, faute de ce contrôle, l'opération d'assainissement sera manquée. Oh ! je n'entends pas que l'on entrave le commerce extérieur, mais qu'on essaye de comprendre les courants qu'il détermine et de suggérer certaines directives.

Le commerce extérieur est lié au change, mais à quel change ? Car il y en a deux : le change de la bourse et le change véritable. Vous rappelez-vous qu'au printemps dernier, M. Winston Churchill dit un jour, au grand étonnement de certains Français : « La livre ?... — à ce moment elle cotait en bourse 88 fr. — ... la livre ? Elle vaut 65 fr., pas un sou de plus. »

Qu'est-ce que cela signifiait ? Cela signifiait que, d'après les *index numbers*, la puissance d'achat de la livre était à ce moment de 65 fr.

Au mois de janvier de cette année, la puissance d'achat de la livre était exactement de 64 fr. 42, et celle du dollar de 14 fr. 03.

Si vous aviez transporté de France en Angleterre un morceau de drap valant 64 fr. en France — je fais abstraction du prix de transport — vous l'auriez vendu en Angleterre une livre. Si, avec cette livre, vous aviez acheté un autre morceau de drap de même qualité et si vous l'aviez rapporté en France — je fais toujours abstraction des frais de transport — vous l'auriez vendu 64 fr. Mais si, au lieu de rapporter ce mètre de drap, vous rapportiez la livre, vous la vendiez 88 fr.

Par conséquent, entre le change de bourse et le change réel, il y avait un écart : c'est cet écart qu'on appelle la prime à l'exportation.

Comment, avec une monnaie instable, le commerçant qui exporte n'aurait-il pas la tentation de voir augmenter cette prime à l'exportation ? Sans qu'il y ait malice de sa part, simplement pour prévoir, dans l'avenir, ses rentrées de matières premières, ne va-t-il pas prendre certaines précautions qui, petit à petit, augmenteront l'écart entre le change réel et le change de bourse ?

Pour faire du commerce à l'extérieur, le commerçant est obligé de concurrencer les produits indigènes du pays destinataire, par conséquent de baisser ses prix, par conséquent aussi de faire monter le prix véritable de la monnaie étrangère avec laquelle il travaille. C'est ainsi que la livre, dont la valeur véritable était de 64 fr. 42 en janvier dernier, était, au change réel, en juin dernier — ce sont les derniers renseignements que je possède — de 74 fr. 26.

Sur qui la différence avait-elle été prise ? Sur le pays à change déprécié. C'est nous qui avons payé cette différence, si bien qu'en réalité, l'exportation, conduite comme elle l'est, au lieu de nous apporter de la richesse, peut causer et cause souvent une déperdition de richesses. (*Applaudissements à gauche et à l'extrême gauche.*)

Aussi, messieurs, dans les milieux industriels eux-mêmes — je n'incrimine personne, on ne s'aperçoit pas toujours immédiatement des erreurs que l'on commet — cette vérité apparaît peu à peu. Il suffit de prendre, par exemple, les articles sur les changes de la *Journée industrielle* de tout le mois d'octobre. On s'apercevra d'abord que les Français ont, très délibérément, poussé à la baisse. Puis, petit à petit, la baisse s'est accentuée et tout d'un coup on s'est aperçu que le flottant de New-York donnait, que l'on n'était plus maîtres des devises — et ce fut l'affolement.

Dans un article intéressant du *Figaro,* M. Romier disait récemment aux industriels et commerçants français : « Prenez garde ! Votre balance favorable est faite surtout de ce que vous vivez sur vos stocks sans renouveler vos matières premières. Il vous semble que vous vous enrichissez. Moi, j'ai peur que vous commenciez à manger votre capital. »

Donc, il y a là un danger terrible provenant du jeu d'une loi économique dont l'Allemagne a été victime et dont nous ne devons pas être victimes, puisque la leçon des expériences nous permet d'éviter les chutes.

Cette loi économique pourrait être formulée ainsi : plus on travaille avec une monnaie dépréciée, plus on la déprécie.

Il faut donc arriver à éviter cette dépréciation, cette déperdition de richesse, qui était parvenue à son maximum en Allemagne avant la crise. Quel était le raisonnement des Allemands après la guerre ? Ils se sont dit : « Le mark s'est effondré par suite de notre importation massive de matières premières. Mais nous travaillerons tellement qu'il viendra un moment où un ballot de marchandises allemand se placera au-dessous du mark qui tombe et l'arrêtera dans sa chute. »

Ce moment ne devait jamais venir. Au contraire, au fur et à mesure que la devise était dépréciée, si le mark pouvait permettre d'expédier des marchandises de l'Allemagne à l'extérieur, il n'avait plus la force de ramener des matières premières, et la crise a commencé. (*Très bien ! très bien !*)

Cette crise, puisqu'elle nous apparait à l'horizon, de quelle manière le Gouvernement peut-il en conjurer les effets ? Deux moyens, je le disais, s'offrent à lui : étudier cette politique de l'exportation et la réglementer d'une façon sage. Et puis un autre moyen, celui-là nécessaire, indispensable : surveiller les achats de devises étrangères. (*Applaudissements à gauche et à l'extrême gauche.*)

Il n'est pas possible, messieurs, que dans la situation où nous sommes, nous n'ayons pas le moyen de demander à un citoyen qui achète une livre, pourquoi il l'achète, et à un citoyen qui expédie une marchandise en Angleterre, quand il rapatriera les livres qu'il a acquises. Si ce citoyen nous explique qu'il a besoin d'avoir des livres en Angleterre, qu'il nous dise pourquoi ! Des situations très diverses peuvent se présenter. Nous ne demandons qu'à les envisager ; mais il nous faut ce contrôle. Hors de ce contrôle, il n'y a pas de salut. (*Applaudissements sur les mêmes bancs.*)

M. André François-Poncet. Les chambres de commerce le font déjà.

M. de Grandmaison. Parfaitement.

M. Chabrun. Elles le font d'une façon très insuffisante. Je défie une chambre de commerce, quelle qu'elle soit, de donner, en cette matière, des renseignements précis.

M. Raynaldy. Des renseignements précis, les chambres de commerce, en ont donné. Mais ce sont elles qui n'en reçoivent pas des commerçants.

M. Chabrun. Le résultat est le même et c'est pour cela que la centrale des devises s'impose. Il y a certainement un moyen d'arriver à faire ce qu'on a fait dans beaucoup d'autres pays : organiser le contrôle rigoureux des devises étrangères. Aucun commerçant honnête ne s'y refusera.

M. Raynaldy. L'Allemagne a tenté ce contrôle, elle a été obligée de l'abandonner.

M. Chabrun. Dans d'autres pays, on a réussi à l'organiser utilement.

M. Lemire. Où ?

M. Raynaldy. Je n'en connais pas encore. Nous avons essayé...

M. Vincent Auriol. Mais comment ?

M. Raynaldy. Par les chambres de commerce.

M. VINCENT AURIOL. Vous venez de dire que les chambres de commerce n'obtiennent pas de renseignements des commerçants.

M. RAYNALDY. Indiquez un autre moyen. (*Interruptions à l'extrême gauche*).

M. VINCENT AURIOL. Nous l'indiquerons.

M. RAYNALDY. Je serai heureux de le connaître.

M. CHASSAIGNE-GOYON. Pas de centrale des devises !

M. CHABRUN. « Mais, dira-t-on, si nous abaissons le taux de la prime, n'allons-nous pas diminuer d'une façon excessive l'exportation ? N'allons-nous pas faire naître le chômage ? »

Je réponds : là encore il y a une politique à suivre. Nous pouvons employer les chômeurs que l'industrie nous laisserait. Nous les emploierons à créer chez nous de la valeur or, qui donne confiance à nous-mêmes et à ceux auxquels nous serons obligés de faire appel.

Il nous faut, pour la politique de demain, outre une direction très nette de la politique d'exportation, un grand programme de travaux publics, sans lequel vous ne résoudrez pas les problèmes économiques et financiers de l'avenir. (*Applaudissements à gauche et sur divers bancs.*)

D'ailleurs, notre défaut, depuis la guerre, a été de ne pas mettre notre pays en état de réceptivité suffisante pour parer aux circonstances. Lorsque l'Allemagne nous a livré des wagons, par exemple, nous avons subi une crise de transports, parce que nous n'avions pas su prévoir l'arrivée de ces wagons et que nous n'avions pas fait des travaux d'aménagement suffisants pour les utiliser.

Dans le domaine de l'agriculture comme dans le domaine de l'industrie, il est nécessaire de mettre le pays en état de réceptivité et de lui faire donner son plein rendement. L'effort doit être systématique; et, pour cet effort, il ne faut pas trop regarder à la dépense, car il y a des dépenses qui rapportent. (*Très bien ! très bien !*)

Mais il faut encore atteindre un dernier terme. Un corps ne vit pas sans un système circulatoire. Il faut que les moyens d'échange circulent. Or, où est votre système bancaire ? Où est le lien entre les différentes économies nationales qui devait être assuré par des banques travaillant dans un plan général ?

Actuellement, les banques travaillent en ordre dispersé. En fait, elles cherchent avant tout les profits que leur apportent les courtages (*Applaudissements à gauche et à l'extrême gauche*) et, lorsqu'elles sentent ces profits leur échapper, il n'est pas impossible qu'elles interviennent dans la politique pour arrêter certains courants ou pour tuer certaines initiatives. (*Nouveaux applaudissements sur les mêmes bancs.*)

Aussi, par instinct, le peuple français hésite-t-il à jeter son épargne dans l'aventure. Et vous assistez actuellement à une crise qui est une crise de thésaurisation. Nombre de gens gardent dans leur bas de laine des billets qui pourraient être employés utilement d'une autre façon.

M. Paul Constans. Il y en a une grande quantité.

M. Charrun. On pourrait songer à la création d'un système bancaire qui correspondrait à l'économie nouvelle. Ce système ne ressemblerait pas à celui que nous connaissons. Il mettrait plus près du déposant la direction qui déterminera l'utilisation de l'argent déposé.

Ne croyez-vous pas qu'il serait possible de démocratiser la finance en créant un grand institut de finance populaire ? (*Applaudissements à gauche et sur divers bancs à l'extrême gauche. — Mouvements divers.*)

Ne croyez-vous pas qu'il serait possible de faire comprendre à tous les épargnants que l'argent qu'ils laissent improductif dans leur bas de laine pourrait être employé utilement par des banques, par exemple, du type coopératif, des banques qui s'occuperaient spécialement des intérêts de chaque profession ? Cela permettrait d'effectuer les grands travaux d'outillage national, par l'effort populaire, pour le bien général de la nation.

Ce plan est réalisable. Nous disposons de centaines de millions, plus d'un demi-milliard, que nous n'employons qu'à des prêts à bas intérêt. Ce sont les sommes que l'Etat a mises à la disposition des différents crédits populaires.

Ces sommes qui sont à l'état statique, ne pourrait-on pas les faire passer à l'état dynamique, sans, d'ailleurs, les détourner de leur destination première ? On créerait ainsi l'ossature d'un organe de finance populaire qui aurait l'avantage de démocratiser la finance de notre pays.

Le problème doit être étudié. Il peut être résolu. Mais si on n'envisage pas la question dans son ensemble, si on s'en tient au simple assainissement monétaire qu'on nous propose, si, tout en poursuivant cet assainissement on ne poursuit pas la grande politique générale à laquelle je convie le Gouvernement, je crois que nous faisons un peu la figure de Sisyphe qui roulait perpétuellement son rocher jusqu'au haut de la montagne pour le voir retomber ensuite dans la vallée.

Il y a, vous dit-on, une crise de confiance dans le pays. Cette crise, elle est faite de l'incertitude de l'avenir.

M. Bonnet de Paillerets. Elle est due à la politique du cartel. (*Très bien ! très bien ! à droite. — Interruptions à gauche et à l'extrême gauche.*)

Vous n'en sortirez pas, les faits sont là pour le montrer.

M. Chabrun. S'ils n'ont pas confiance, c'est parce que les gens du pays de France se demandent ce que l'on va faire demain, c'est parce que l'homme des champs, l'homme de l'atelier, l'homme du bureau, qui travaillent toute la journée, ont le sentiment, conscient ou inconscient, que leur travail peut être accompli en pure perte si on laisse faire au-dessus d'eux les grands agiotages, les grandes combinaisons que la situation actuelle permet et facilite. Ces travailleurs se demandent si tous ces gens qui se répartissent entre eux un nombre incalculable de signes monétaires ne vont pas, en réalité, les conduire à la ruine et ils se demandent si ce n'est pas uniquement pour ceux-là qu'ils travaillent. C'est parce qu'ils se posent cette question avec angoisse qu'ils n'ont pas confiance. (*Applaudissements à gauche et sur divers bancs.*)

Mais, messieurs, la confiance ne se décrète pas ; ce n'est pas parce que des hommes changent que la confiance renaît. (*Très bien ! très bien !*) ; c'est parce que les institutions changent, c'est parce que la politique change, c'est parce que des vues d'avenir apparaissent.

La confiance est comme la monnaie or : ce n'est pas un point de départ, c'est une résultante. (*Applaudissements à gauche.*)

M. Paul Constans. Très bien !

M. Chabrun. Cette confiance, on peut la déterminer.

On ne vous demande pas d'être arrivé au but pour vous la donner, on vous demande simplement de montrer au pays la voie claire, nette et droite dans laquelle vous le conduirez vers la santé économique et la santé morale.

Croyez bien, monsieur le président du conseil, que si le projet que vous nous apportez est l'amorce de la grande politique de réforme et d'assainissement général qui est indispensable, croyez bien que le pays vous suivra. (*Applaudissements à gauche et sur divers bancs à l'extrême gauche et au centre.*)

Le projet Doumer.

(*Séance du 28 janvier 1926*).

M. Chabrun. Messieurs, le Gouvernement nous a conviés à cette discussion pour arriver au vote de ressources permettant de réaliser l'équilibre du budget.

Il a également pensé à l'assainissement financier, mais je peux dire qu'il y a pensé comme à une chose secondaire, qu'il l'a envisagé comme un geste rituel à accomplir. Si les besoins budgétaires ne s'étaient pas fait sentir, peut-être ne nous aurait-il, pour le moment, rien demandé.

Je ne reviendrai pas sur les moyens de satisfaire à ces besoins budgétaires ni sur la discussion qui nous a conduits à prendre parti, soit pour les projets du Gouvernement, soit contre eux. Je ne reprendrai pas les éloquents discours de mes amis MM. Jacques-Louis Dumesnil et Lamoureux.

Je me bornerai à constater ce fait que nous sommes en présence d'un projet, présenté par la commission des finances, dans lequel la commission a renoncé — reste à savoir ce que fera la Chambre — aux impôts indirects à grand rendement, pour chercher ailleurs la solution du problème.

M. Lamoureux a donné tout à l'heure une note optimiste en ce qui concerne la trésorerie.

M. le rapporteur général. Pas trop.

M. Chabrun Cette note, mon cher monsieur Lamoureux, est en effet d'un optimisme relatif.

M. le rapporteur général. C'est cela.

M. Chabrun, Néanmoins, elle est optimiste.

Permettez-moi de vous dire que je ne partage votre optimisme que pour une part. Je crois que des dangers pèsent toujours sur la trésorerie et que vous n'y parez pas plus que le Gouvernement.

Il peut se faire que des demandes de remboursements massifs de bons entrainent des décaissements que nous ne pouvons pas prévoir.

Ces remboursements massifs, comment les éviterez-vous ?

Est-ce en créant des impôts toujours plus lourds ? Permettez-moi de vous dire que, plus les impôts seront lourds, plus ils aggraveront l'avalanche des bons présentés au remboursement : le contribuable est obligé de réaliser ses bons pour s'acquitter envers l'Etat, quand les sommes qu'il doit verser, à cet effet, deviennent trop considérables.

Est-ce par l'aménagement d'un nouveau système d'impôts que vous pourrez arrêter cette avalanche ? Non. Il n'y a pas de système d'impôt qui puisse y parer.

Seule une politique générale peut y parvenir. (*Très bien ! très bien ! à gauche et à l'extrême gauche.*)

Si cette politique générale n'est pas entreprise, vous aurez beau voter tous les impôts et tous les textes possibles, vos impôts iront dans un gouffre sans fond et vos textes seront inopérants. (*Applaudissements sur les mêmes bancs.*)

Pour quelles raisons, les particuliers qui ont prêté leur argent à l'Etat et investi leurs ressources en bons, demandent-ils le remboursement de ces bons ?

Pour deux raisons.

Tantôt, ils craignent une dépréciation du franc. Alors, ils ont besoin de disponibilités et veulent avoir des billets plutôt que des bons.

Tantôt, ils craignent que la situation nationale s'aggrave. Alors, ils ne font plus confiance à l'Etat et reprennent leur argent, soit pour l'investir dans des entreprises privées, soit même, quelquefois, malheureusement, pour le garder chez eux, quand ce n'est pas pour l'exporter.

Vous n'éviterez les remboursements massifs de bons que si votre politique et les textes que vous voterez conduisent à une stabilisation économique et monétaire montrant ainsi aux porteurs et au monde que la France est en train de se relever. (*Très bien ! très bien !*)

Si vous ne remplissez pas cette condition, tout le reste sera inutile.

M. le président du conseil et M. le ministre des finances,

à maintes reprises, nous ont dit dans des conversations : « Il faut faire appel au courage des citoyens. »

Je suis bien de leur avis. Mais pourquoi faire appel aux citoyens ? D'abord, parce que c'est nécessaire pour la bonne marche de notre vie interne, mais aussi — et M. le président du conseil insiste particulièrement sur ce point — parce que l'étranger nous regarde et parce que nous avons besoin de lui.

Dans quel sens et à quelle fin avons-nous besoin de l'étranger ? Est-ce pour qu'il nous prenne en tutelle, est-ce pour qu'il fasse lui-même notre redressement, est-ce pour que nous soyons entre ses mains, pour que, désormais, ce soit lui qui commande chez nous ? Non.

M. ARISTIDE BRIAND, *président du conseil, ministre des affaires étrangères.* Nous ne l'accepterions jamais.

M. LE MINISTRE DES FINANCES. Personne n'y songe.

M. CHABRUN. Voyons ce qui se passe ailleurs que chez nous. Un grand industriel allemand, M. Arnold Rechberg, lance le cri d'alarme en Europe. Voici ce qu'il écrit :

« Les Américains veulent acheter l'industrie lourde tout entière ».

Je dis de suite que je n'engage point une polémique contre l'Amérique. Vous verrez tout à l'heure pour quelles raisons de mécanique économique, si je puis dire, les choses se passent ainsi.

M. Rechberg continue :

« Ils ne laisseront pas cette industrie sortir de ses difficultés financières avant de l'avoir absorbée. Ils entendent acheter l'industrie lourde allemande bien au-dessous de sa valeur réelle. »

Dans des articles publiés, soit par Rechberg, soit sous son inspiration, on ajoute :

« Du côté de la France, est-ce qu'il n'y a pas également des craintes à avoir ? Est-ce qu'il ne serait pas tentant de relier le charbon allemand au minerai français et de faire un grand trust dont les Américains seraient les maitres ? »

S'agit-il là d'une simple mainmise d'un Etat sur un autre Etat ? C'est bien plus grave. C'est l'indice d'une situation qui provient de ce que nous-mêmes, comme d'autres nations, nous ne suivons pas, en matière économique, une bonne tactique.

L'économie, comme la nature, a horreur du vide. Lorsqu'une nation ne fait pas ce qu'elle doit et ce qu'elle peut faire chez elle, c'est une autre nation qui vient le faire à sa place.

Et n'allons pas accuser ceux qui viendraient ainsi, un peu brutalement, à notre secours, ceux qui nous imposeraient le sort qu'est en train de subir l'Allemagne, que peut-être d'autres nations, comme l'Italie, comme la Belgique — je vous demande la permission de vous dire toute ma pensée — peuvent subir demain. (*Applaudissements à gauche et à l'extrême gauche.*)

Si une telle domination se réalisait, ce serait notre faute. Il dépend de notre volonté que cela ne soit pas; c'est sur ce point que j'insiste.

Si nous le voulons, l'étranger viendra à notre aide — et nous en avons besoin — d'une façon amicale et sans nous absorber. Pour cela, il faut lui montrer que c'est bien cette aide amicale que nous désirons et que nous en sommes dignes, par l'effort que nous faisons, par la situation dans laquelle nous nous plaçons nous-mêmes.

En d'autres termes, montrons-lui que nous sommes capables de nous relever nous-mêmes d'abord.

Montrons-lui que nous remplissons la première condition de ce relèvement, c'est-à-dire que nous voyons clair dans nos affaires.

Actuellement, ni l'Etat, ni les particuliers ne voient clair dans leurs affaires.

L'Etat éprouve des besoins d'argent. Que fait-il ? Il crée des impôts.

Mais le mal est beaucoup plus profond qu'un simple malaise de trésorerie. Vous croyez conjurer la catastrophe en faisant payer les contribuables. Vous ne conjurez rien. Ce sont des expédients qui laissent subsister le mal et qui, à certains moments, quoi que vous fassiez, peuvent même l'aggraver. (*Applaudissements à gauche et à l'extrême gauche.*)

Nous sommes dans la situation présente à cause des désordres engendrés par la guerre. On attend le lendemain, on le redoute et on le rend redoutable, précisément parce qu'on le redoute.

On dit que nous sommes en état de crise, qu'il y a, dans ce pays, une crise des pouvoirs publics, une crise parlementaire, une crise de régime peut-être. Je réponds que les pouvoirs publics ne sont pas autre chose que le reflet de la nation et qu'il y a une crise de la nation.

Il faut avoir le courage de définir cette crise. Le Gouvernement doit avoir la force de prendre les mesures nécessaires pour y remédier. Les événements ne montrent-ils pas qu'il est possible de réveiller les énergies, au Parlement ou ailleurs ?

Croyez-vous que la façon dont cette discussion se présente n'est pas due pour une large part au fait, je le dis sans fausse modestie, puisque j'étais parmi eux, que quelques hommes appartenant aux diverses fractions de la grande famille démocratique se sont réunis pour élaborer un programme positif ?

Ce programme positif, nous l'avons apporté, ou plutôt nous en avons présenté le premier élément, car le point que nous traitons aujourd'hui n'est pas le seul. Je dirai même qu'il n'est pas le principal. (*Applaudissements à l'extrême gauche et à gauche.*)

Il y a, dans notre pensée, autre chose. Il y a tout un programme politique et législatif, qui viendra à son heure.

Si, aujourd'hui, nous n'avons apporté qu'une partie du fruit de notre travail, c'est parce que nous n'avons pas voulu charger davantage une discussion qui, déjà, va être assez lourde. Le débat sur l'équilibre du budget est suffisant pour le moment.

Immédiatement après, doit venir la discussion principale, sans laquelle la première serait vaine, celle qui aura pour objet l'amortissement et l'assainissement financier.

C'est cette discussion qui servira de pierre de touche, qui montrera ce que le Gouvernement et le Parlement français seront capables de faire, ce que la nation française voudra faire pour se relever. (*Applaudissements à gauche et à l'extrême gauche.*)

Lorsque, après la guerre, l'inflation eût accompli son œuvre — car, pendant la guerre, nous l'avons assez peu sentie, étant donné que nous étions soutenus par le support des crédits internationaux — que s'est-il passé ?

Ah ! Si l'inflation avait pris l'allure d'un torrent, on aurait été prévenu. Mais pas du tout ! C'est d'une manière insidieuse que la nappe d'eau s'est étendue. A un moment donné, les bateliers sont sortis du lit du fleuve, ils ont navigué sur la plaine et ont même pensé, dans leur candeur : « Que c'est beau ! Comme le fleuve est devenu large ! »

Ils ne se sont pas aperçus qu'il y existait des écueils, auxquels ils pouvaient se heurter. Ils n'ont pas vu, en tout cas, que la voie qu'ils suivaient ne menait pas au port : ils n'ont pas vu que ce qu'ils faisaient ne pouvait les conduire à la besogne saine, parce qu'ils étaient en dehors des règles normales, parce qu'ils avaient dépassé la mesure.

On n'a pas fait de travail en profondeur, on n'a pas pensé aux réserves. On a fait des affaires autant qu'on en pouvait faire. C'est comme la vague qui déferle sur la plage : elle va aussi loin qu'elle peut aller.

On a abouti ainsi à l'inflation du crédit et à l'inflation de la monnaie.

Et ce qui est pire — je me fais un devoir de le dire du haut de cette tribune — c'est que nous vivons sous le régime de la fausseté du bilan. Nous croyons, à certains moments, faire des bénéfices : ce sont des pertes que nous éprouvons. (*Très bien ! très bien ! à gauche et à l'extrême gauche.*)

Quel est le bilan qui tient véritablement compte de la dévalorisation progressive du franc, soit à son actif, soit à son passif ? Quel est le bilan qui tient suffisamment compte des réserves nécessaires pour faire face à l'avenir ? Il y en a fort peu.

Il en résulte que, lorsqu'on croit, en fin d'exercice, distribuer des bénéfices, c'est souvent du capital que l'on distribue. (*Applaudissements sur les mêmes bancs.*)

L'Etat a opéré de la même façon. Il a fait son inflation à lui, et je ne parle pas seulement de l'inflation monétaire. Il a fait de l'inflation d'impôts. Lui aussi a mangé son capital. Lui aussi a tué la poule aux œufs d'or, en ce sens qu'en alourdissant constamment les taxes, au lieu de rechercher les moyens d'obtenir le résultat désiré sans trop charger les contribuables, il a fait fuir la matière imposable.

Il faut réformer tout cela. Pour y parvenir, un changement de méthode s'impose d'abord, il faut que nous connaissions et que nous disions la vérité. Il faut que l'Etat, tout le premier, soit sincère et que les impôts soient sincères. Cela signifie qu'il faut poursuivre les fraudeurs et faire en sorte que chaque citoyen paye tout ce qu'il doit. Ce n'est qu'ensuite qu'il faut penser aux impôts supplémentaires. Je n'insiste pas sur ce point qui a été admirablement développé.

Frauder, ah ! c'est bien tentant. Il y a des gens pour qui voler l'Etat, ce n'est pas voler. Et il y en a d'autres qui manquent de discipline sociale. Ils savent d'ailleurs que, s'ils fraudent, non seulement on ne les en blâmera pas toujours, mais que, quelquefois même, ils éveilleront des sympathies. Et il faut bien dire que l'Etat semble les encourager à persévérer dans cet état d'esprit. Car sur qui se venge-t-il du fraudeur ? Sur l'homme qui paye ses impôts. (*Applaudissements.*)

Voici de quelle manière. Dans le taux des impôts, comme il faut que les rendements soient assurés, on insère un coefficient pour parer à la fraude; il en résulte que le bon citoyen paye trop, et que, chaque fois qu'on augmente le taux des impôts, on surcharge indûment ce bon citoyen, alors qu'on laisse sans charges véritables le mauvais citoyen qui a fraudé. (*Très bien ! très bien !*)

La fraude, à ce moment, engendre la fraude. Le bon contribuable, se sentant surchargé, réclame. Quelquefois, même, comme on ne peut distinguer entre le bon et le mauvais contribuable, c'est le fraudeur qui se met à la tête de ceux qui réclament et il fait plus de bruit que les autres. Et le bon contribuable devient hésitant et la tentation à certaines heures peut être trop forte. La fraude engendre la fraude ; c'est une des formes sous lesquelles l'impôt se dévore lui-même.

Et remarquez que la fraude se produit parfois dans des cas qu'on ne soupçonnerait pas. Etes-vous sûrs que même les impôts de la loi du 4 décembre, qui pourtant frappent un exercice clos, n'aient pas permis la fraude ? Etes-vous bien sûrs, par exemple, que certaines sociétés, tenant leur assemblée générale en décembre, au lieu de distribuer leur dividende fin décembre, comme c'est leur habitude, n'en aient pas ajourné la distribution au début de janvier ? Par conséquent, même pour ces impôts, il a pu y avoir des fraudes.

Voilà pourquoi nous avons proposé des impôts qui sont des impôts de clarté et, si je puis dire, des impôts de santé. Voilà pourquoi, dans le projet que mon ami M. Dumesnil et nous, nous avons déposé, et qui, pour une large part, a été repris par la commission, nous avons demandé qu'avant tout, on poursuive la fraude et que le contribuable paye exactement ce qu'il doit payer. Nous avons posé le principe de l'impôt assaini, parce que nous estimons que c'est par la moralité de l'impôt que doit commencer l'assainissement national. (*Applaudissements.*)

Mais le prélude ne signifiera rien si le morceau ne suit pas, et il faut commencer cet assainissement non pas l'année prochaine mais immédiatement. Dès cette année vous devez prendre vos résolutions et préciser votre système.

Il est indispensable aussi qu'on entreprenne l'assainissement financier sur son véritable terrain, c'est-à-dire à la fois sur le terrain économique et sur le terrain financier.

Il ne s'agit plus là de la réforme du bilan de l'Etat mais de quelque chose de plus grave et de plus délicat : de la réforme du bilan de la nation.

J'ai dit que nous vivions sur les mensonges du bilan. A l'intérieur, les déperditions de capital ne nous apparaissent pas avec leur pleine valeur, parce qu'en somme, lorsqu'un Français perd une part de son capital au profit d'un autre Français, la somme des richesses nationales n'en est pas amoindrie.

Cependant — je reviens à mon thème — l'étranger nous regarde. Il constate ces transferts désordonnés de richesses et il les note, et c'est autant de sa confiance que nous perdons.

Mais il marque le point d'une façon plus nette encore lorsqu'il voit le capital français franchir les lignes françaises et passer à l'étranger.

M. Frédéric Brunet. Très bien !

M. Chabrun. En présence de l'évasion des capitaux il lui apparaît qu'il y a, dans notre armée, des déserteurs. Et c'est encore pour nous une part de sa confiance perdue. (*Applaudissements à gauche et à l'extrême gauche.*)

Mais, messieurs, il y a un cas où l'étranger est conduit plus légitimement encore à marquer le point, c'est lorsqu'il voit des troupes organisées tout entières passer stupidement chez les nations voisines, je veux dire, lorsqu'il voit notre commerce extérieur devenir pour nous une cause de déperdition de richesses.

J'ai déjà, à cette tribune — et j'y reviens aujourd'hui, parce que des faits nouveaux m'y obligent — j'ai déjà montré que l'une des plus grandes causes de déperdition de la richesse française venait de la façon dont nous concevions notre commerce d'exportation. Jai montré qu'il y avait, en réalité, deux sortes de changes, celui qui correspond à la puissance d'achat d'une monnaie étrangère et celui qui est coté en Bourse. Aujourd'hui, par exemple, au change réel, la valeur de la livre n'atteint pas 100 fr. En Bourse, elle est cotée 130 fr. J'ai dit que cette marge était une prime à l'exportation dont profitaient nos exportateurs, qui avaient tendance à la laisser augmenter. J'ai montré que cette prime constituait pour eux une richesse nominale lorsqu'ils rapportent d'Angleterre des livres au lieu de marchandises mais que, en réalité, il y avait là une déperdition de richesse, parce que les francs dans lesquels ils convertissent ces livres, s'ils leur donnent l'apparence d'une richesse plus grande, en France, ne leur permettent plus de rapporter les matières premières correspondant à la valeur des produits qu'ils ont exportés.

Cette thèse se trouve malheureusement confirmée par les faits. M. Dumesnil a pu indiquer très justement que notre balance commerciale est favorable : 45 milliards d'exportation contre 43 milliards d'importation. Je note toutefois que cette différence de 2 milliards est faible et qu'elle reste identique à celle de l'an dernier.

Mais ce que je note avec angoisse, c'est que, depuis le mois d'août dernier, les sommes que nous devons payer pour solder nos importations sont supérieures à celles que nous recevons pour nos exportations. Cependant nous exportons plus, en quantité, que nous ne recevons de l'étranger. Au cours des derniers mois de l'année qui vient de s'écouler, en poids, en valeur véritable, nos importations ont été supérieures aux exportations. Mais écoutez ces chiffres :

En août, les importations nous coûtent 3.297 millions, les exportations ne nous rapportent que 3.258 millions ; les chiffres sont respectivement : pour septembre, de 4.317 millions et 3.849 millions ; pour octobre, 4.476 millions et 4.374 millions ; pour novembre, 4.574 millions et 4.193 millions ; enfin, pour décembre, 5.445 millions d'une part, et d'autre part, 4.628 millions seulement.

Voilà donc la preuve évidente que cette fameuse prime à l'exportation est, en définitive, une cause de déperdition de richesse. Malgré toutes les lois que vous aurez pu voter, si vous n'avez pas changé ce régime économique, si vous n'avez pas créé la stabilisation économique, la stabilisation monétaire, si vous n'avez pas assuré pour ainsi dire le colmatage nécessaire pour nous garantir contre les chocs qui peuvent venir de l'extérieur, vous n'aurez rien fait. Vous pourrez demander au contribuable des sommes sans cesse accrues. Vous aspirerez pour ainsi dire la substance de la nation, elle s'écoulera par son travail même et plus nous travaillerons, plus nous nous appauvrirons. (*Applaudissements à gauche et à l'extrême gauche.*)

A cette situation, si vous le voulez, vous pouvez parer facilement. Vous le pouvez si vous avez d'abord jeté les bases d'une politique sérieuse d'assainissement et d'amortissement.

Cette politique sérieuse doit obliger les Français à se rendre compte de la réalité, pour leur permettre d'arrêter la déperdition de leurs richesses. Elle doit obliger à l'intérieur, à mettre un terme aux causes indirectes de la baisse du franc, et quelquefois même aux causes directes, car vous savez bien — qu'à certains moments — il faut avoir le courage de le dire — ce sont les Français eux-mêmes qui se mettent à la baisse.

Le premier acte de l'assainissement doit donc consister en une réglementation du commerce extérieur. (*Très bien ! très bien ! à gauche et à l'extrême gauche.*) Il faut surveiller le remploi des devises, pour pouvoir se rendre compte de la valeur française qui sort et de la valeur étrangère qui entre. (*Applaudissements sur les mêmes bancs.*)

Si vous n'avez pas fait cela, vous verrez la France s'appauvrir malgré tous vos efforts.

Il faut aussi empêcher l'étranger de se mettre à la baisse, c'est-à-dire qu'il faut lui donner confiance. Nous n'avons pas, objectera-t-on, la possibilité d'agir sur les places étrangères ? Pardon ! Vous pouvez le faire de façon indirecte.

Spontanément, l'étranger ne cherche pas la baisse du franc. Il a, au contraire, le désir de le voir remonter. Si vous laissiez faire telle ou telle nation très riche, elle vous donnerait le franc or demain. Ce serait pour son commerce et pour son industrie une chance sérieuse de recettes. (*Applaudissements à gauche et à l'extrême gauche*).

Néanmoins, lorsque l'étranger a en main du franc, si, à un certain moment, il ne sent pas que la valeur française est en train de gagner, il perd courage et il jette son flottant sur le marché. A ce moment, il se met à la baisse.

Vous devez donc donner à l'étranger l'impression que vous diminuez, que vous supprimez peu à peu l'inflation spécifique de l'Etat, c'est-à-dire sa dette, ce qui signifie que vous réalisez l'amortissement et que vous payez vos dettes.

Examinons tout d'abord les dettes extérieures qui préoccupent le Gouvernement à juste titre.

Pour le réglement des dettes extérieures, vous obtiendrez une solution avantageuse dans deux cas : ou si vous remettez totalement votre sort entre les mains de l'étranger, car il vous consentira alors des conditions excellentes; ou si vous démontrez à l'étranger que vous vous relevez par vous-mêmes et que vous êtes capables de tenir le coup. (*Très bien ! Très bien !*)

Par conséquent, si vous ne voulez pas — et personne ne le veut — vous remettre entre les mains de l'étranger, il ne faut pas hésiter, il faut prendre courageusement le parti de vous relever par vous-mêmes et donner la sensation que l'Etat français tonifie la valeur française au point que les étrangers soient obligés de lui faire confiance.

La dette flottante pèse sur vous. Je vous ai dit que, par une politique de stabilisation appropriée, par une politique de modération et de sincérité, vous pouviez arriver à empêcher son poids de devenir dangereux.

Passons à la dette à court terme. J'expose ici des idées qui ne sont pas seulement les miennes, mais qui sont aussi celles de beaucoup de mes amis.

Cette dette à court terme est constituée par des valeurs dont l'échéance tombe aux époques les plus variées et qui, à certains moments, viennent donner des coups de bélier sur la trésorerie.

Eh bien, il faut en prendre son parti et, comme l'avait préconisé M. Painlevé, comme beaucoup l'ont pensé avant et après lui, il faut que l'Etat aménage sa dette, qu'il ait le courage de dire à ses créanciers : « Je suis un débiteur, mais je ne suis pas un contractant ordinaire ».

Lorsque le contractant ordinaire ne paye pas ses dettes, il fait faillite et ses créanciers se payent avec son bien. L'Etat, à moins de se mettre entre les mains d'une puissance étrangère, ne fait pas faillite. (*Applaudissements à gauche et à l'extrême gauche.*)

Lorsqu'il veut payer ses dettes et qu'il ne le peut pas, il fait de l'inflation et déprécie la monnaie. Il paye nominalement ses créanciers, mais, en réalité, il les appauvrit.

L'Etat qui est, en même temps, débiteur et souverain — puisqu'il fabrique la monnaie — a donc le devoir de payer ses créanciers en une monnaie saine. Si pour cela il est obligé de prendre des arrangements avec ses créanciers, je n'hésite pas à dire qu'il doit les prendre. (*Très bien ! très bien ! à gauche et à l'extrême gauche.*)

M. Louis Rollin. Il faudrait qu'il ait le moyen de leur imposer ces arrangements.

M. Chabrun. En outre, pour amortir peu à peu notre dette, il faut créer une caisse d'amortissement plus perfectionnée que celle qu'on nous propose. J'ai le regret de constater que cette caisse d'amortissement ressemble quelque peu à un chapiteau placé sur une colonne à laquelle on n'a pas mis d'architrave ! On ne cherche pas un grand système général d'amortissement. Néanmoins, ce système est indispensable. Il faut que votre caisse d'amortissement ne soit pas dotée pour une seule année, mais qu'elle dispose de ressources lui permettant de commencer son œuvre, de la poursuivre tranquillement, méthodiquement, automatiquement.

Il lui faut d'abord une annuité budgétaire qui, dans mon esprit, doit correspondre à l'annuité de la dette, car j'estime que la caisse d'amortissement doit gérer toute la dette, au moins la dette intérieure.

Il lui faut ensuite des ressources qui lui viennent d'un impôt sur les successions. C'est l'idée qui nous a guidés.

Je rappelle en outre, messieurs, qu'il n'y a pas d'amortissement sans le régime classique de l'appel aux excédents. Mais quels excédents allez-vous chercher ?

Sont-ce ceux du budget ? Ah ! ceux-là sont sujets à vicissitudes : vous ne savez pas quels seront vos besoins de demain, quelle sera l'ampleur des ressources qui vous sont nécessaires. Vous ne savez pas quelle sera exactement la valeur de votre franc.

Ce que vous savez bien, c'est qu'un compte spécial constitué par des francs, qui, comme dépenses, n'a que des francs, c'est-à-dire une valeur toujours interchangeable quelle que soit, d'ailleurs, la situation du change, peut être mis en excédent, si les sommes qui l'alimentent sont suffisamment abondantes.

En outre, il est indispensable que l'amortissement ait un point de départ. Ce point de départ, notre rapporteur général l'a prévu dans son rapport. C'est le moyen de donner à la caisse l'excédent dont je parle, d'une manière définitive.

Il s'agit d'une contribution exceptionnelle que d'autres projets avaient envisagée sous une forme ou sous une autre. Ne la définissons pas pour aujourd'hui, mais disons-nous que c'est un sacrifice nécessaire à demander aux Français, qui ne le refuseront pas (*Applaudissements à gauche et à l'extrême gauche*), parce qu'ils sauront qu'il s'agit là d'un sacrifice fait une fois pour toutes et qui n'aura pas de répercussion sur l'économie générale.

Je veux dire par là qu'il doit être fait autant que possible d'un seul coup et en masse.

Si vous échelonnez, il jouera comme un impôt ordinaire avec ses incidences. Si au contraire vous frappez d'un seul coup et par des moyens qui ne feraient même pas appel au numéraire, afin d'éviter tout risque d'inflation vous aurez donné la possibilité aux Français de dire qu'une fois pour toutes ils se délivreront d'un poids qui pesait sur eux.

Ce sacrifice...

M. LE PRÉSIDENT DU CONSEIL. Lequel ?

M. CHABRUN. ... il faut le leur demander dans la mesure où ils peuvent le faire, comme point de départ de l'amortissement.

M. MAURICE BOKANOWSKI. Définissez-le.

M. CHABRUN. Une contribution comme celle-là devrait être

de telle nature qu'elle puisse être supportée facilement par les diverses fortunes et être payée en papier d'Etat, en titres d'Etat, en une fois.

M. Chassaigne-Goyon. Et ceux qui n'en ont pas ?

M. Bedouce. Ils en achèteront. Le marché est ouvert. (*Mouvements divers.*)

M. François de Ramel. J'ai demandé par des propositions précises et muries que la caisse d'amortissement soit alimentée par des taxes supportées par les bénéficiaires étrangers et intérieurs de l'inflation. Il faut amortir les inflations par l'effort financier des bénéficiaires de l'inflation.

M. Chabrun. Mais tout cela n'est qu'un cadre, cadre dans lequel il faut développer une politique gouvernementale; politique de fiscalité modérée, je viens de dire pourquoi, mais fermement appliquée, demandant au contribuable exactement ce qu'il doit payer, lui demandant tout ce qu'il doit payer; politique d'orientation de l'économie nationale, politique de surveillance de la production. Croyez que tout gouvernement qui s'adressera aux producteurs ou aux commerçants et qui leur dira : « Dans votre propre intérêt et dans l'intérêt de la nation, je vous demande de vous entendre avec moi pour prendre telle mesure qui peut être utile », un gouvernement qui leur demandera peut-être quelques sacrifices, dont ils recueillerons, tout compte fait, le bénéfice, ce gouvernement serait parfaitement entendu. C'est peut-être parce qu'on ne leur demande rien qu'ils sont dans un état de désarroi.

M. le président du conseil. Le mieux qu'on puisse faire c'est de les laisser tranquilles.

M. Chabrun. Par l'exemple que j'ai donné du commerce extérieur, vous voyez, monsieur le président du conseil, où l'on va !

M. le président du conseil. Tout cela est facile en paroles. Vous élaborerez un plan qui demanderait un grand effort gouvernemental. Je ne dis pas qu'il ne faille pas le faire; mais c'est un plan qui se répartit sur un grand nombre d'années, tandis que nous devons, nous, faire face à des exigences immédiates, qui ne comportent pas seulement des expériences et des hypothèses, si judicieuses soient-elles, mais des ressources. Voilà le problème. Il est singulièrement plus pressant. (*Applaudissements au centre et sur divers bancs.*)

M. Chabrun. Les ressources, vous les aurez. Mais vous

aurez beau les avoir, si vous ne recourez pas au plan que je vous propose, ou à tel autre analogue qu'on peut vous proposer, les ressources, que vous aurez recueillies, ne serviront à rien et vous fondront entre les mains.

M. LE PRÉSIDENT DU CONSEIL. Cela, c'est l'avenir.

M. CHABRUN. S'il est nécessaire de penser à aujourd'hui, il est nécessaire de penser aussi à demain et à après-demain, parce qu'aujourd'hui est conditionné par demain et après-demain. (*Applaudissements à gauche et à l'extrême gauche.*)

Lorsque vous aurez, par cet effort d'assainissement créé la véritable stabilité économique, ce jour-là, monsieur le président du conseil, vous pourrez vous tourner vers les étrangers et leur dire : « Regardez ce que nous avons fait, et venez travailler avec nous; venez nous apporter un concours qui contribue à la tenue du franc. »

M. LE PRÉSIDENT DU CONSEIL. Comme ministre des affaires étrangères, j'ai quelques contacts avec l'étranger; et je vous assure que, dans toutes les conversations que je peux avoir, j'ai le souci de garder intacte l'indépendance du pays; elle n'est, soyez rassuré, en rien entamée.

Mais, dans ces conversations, nous recueillons souvent ces mots : « Faites vous-mêmes un effort appréciable pour redresser votre situation; ayez le courage de le faire. »

M. BEDOUCE. C'est ce que dit M. Chabrun.

M. LE PRÉSIDENT DU CONSEIL. Mais l'étranger est parfaitement au courant de nos affaires financières, il les suit de très près, au jour le jour. Il sait ce qu'est un trompe-l'œil en matière d'équilibre budgétaire et il sait aussi ce qu'est un trompe-l'œil en matière de redressement financier.

Ce qu'il faut, ce ne sont pas des ingéniosités en paroles, ce sont des réalités dans la caisse. Voilà ce qu'il nous fait comprendre chaque fois que nous avons une conversation avec lui. Et je suis obligé de vous dire que ce raisonnement est assez solide. Eh bien, il dépend des représentants du pays que, dans cette discussion entre la France et l'étranger, le bon mot soit à la France, mais il faut le prononcer. (*Applaudissements au centre et sur divers bancs.*)

M. BEDOUCE. Nous le disons.

M. CHABRUN. Nous sommes pleinement d'accord.

Seulement, laissez-moi vous dire aussi que ce n'est qu'un des termes du problème...

M. LE PRÉSIDENT DE LA COMMISSION. Nous n'offrons pas un trompe-l'œil.

M. CHABRUN. ... et qu'il y a aussi l'autre terme que j'ai dit, auquel il faut penser, si nous ne voulons pas que ce problème soit résolu par un trompe-l'œil (*Applaudissements à gauche et à l'extrême gauche*), car s'il en était ainsi, certes nous ne serions pas dans une situation désespérée — dans un pays comme le nôtre, la question ne se pose pas — mais notre redressement deviendrait singulièrement plus difficile et je considère qu'on n'a jamais trop de biscuits pour partir en route.

Il ne s'agit pas seulement de remplir la caisse avec des francs plus ou moins dépréciés, il s'agit aussi d'indiquer que nous sommes de taille à redresser le franc.

M. LE MINISTRE DES FINANCES. Certainement : et nous l'avons fait à d'autres époques.

M. CHABRUN. Lorsque vous prendrez ces mesures ou des mesures analogues, vous déterminerez une crise, parce qu'il en est toujours ainsi quand on substitue des errements nouveaux à d'autres. Si l'on arrête la machine pour donner à sa marche un sens différent, on déclenche évidemment une crise. Il faut qu'on sache qu'elle est nécessaire. Il faut même, et c'est là œuvre de gouvernement, la vouloir et la dominer.

Pour éviter un dénouement dangereux, vaccinons le malade. Nous savons que le vaccin lui donnera la fièvre, qu'il éprouvera un certain malaise, mais le mal sera circonscrit et nous en serons les maîtres. (*Applaudissements.*)

Voilà ce qu'il faut faire.

M. BIRÉ. L'opération réussit toujours, mais le malade en meurt.

M. CHABRUN. Vous dites, monsieur le président du conseil : l'étranger nous regarde. Oui. Mais c'est précisément cet acte énergique qu'il attend de nous.

Il ne suffit pas de remplir nos caisses. Il le faut, sans doute. Mais, ce que l'étranger attend, c'est la politique par laquelle nous nous relèverons.

Les pays étrangers riches, l'Amérique, l'Angleterre, nous regardent avec une bienveillance souriante. On ne peut pas dire qu'ils soient pessimistes à notre endroit. Quand on analyse de près, par exemple, la lettre de M. John Maynard Keynes, on s'aperçoit que son auteur n'a pas du tout le sentiment que la France soit mal en point.

Quant aux pays pauvres, c'est-à-dire les pays du continent européen, la plupart tournent les yeux vers nous avec une certaine espérance, parce qu'ils savent que la France est la grande Européenne (*Applaudissements*) et que le jour où elle aura opéré son redressement financier, elle est de taille, après le Locarno politique, à donner à l'Europe le Locarno économique.

Je lisais, il y a quelque temps, dans un journal de Vienne, un article assez symptomatique, où il était dit à peu près ceci : « La situation économique de la France n'est pas mauvaise. Malgré les apparences, en dépit de leurs divisions intestines, les Français seront tous d'accord, le jour où il le faudra, pour pratiquer la politique de redressement nécessaire. Il y a dans chaque Français un petit Cyrano de Bergerac ».

Et ceci encore : « La France est en train de préparer une bataille de la Marne financière ». (*Mouvements divers.*)

J'en accepte l'augure. Car l'heure d'agir a sonné.

Tout en pensant à ce qui est important et immédiat, voyons grand, voyons loin.

Ne nous affairons plus. Nous nous bousculons beaucoup de la cale au pont, tantôt pour boucher une voie d'eau, tantôt pour raccommoder les cordages. Qui pense au gouvernail ?

Il faut un coup de barre, que votre Gouvernement et vous, monsieur le président du conseil, pouvez donner, non point brutalement, mais d'une façon ferme et décisive. Quand la direction voulue aura été imprimée, vous aurez ramené le navire dans le courant qui porte, et vous n'aurez qu'à vous laisser porter par le courant. (*Vifs applaudissements à gauche et à l'extrême gauche.*)

La loi du 7 août.

(2e séance du 5 août 1926)

M. CHABRUN. Messieurs, le projet qui vous est présenté par le Gouvernement contient des dispositions particulièrement heureuses, en ce qu'il permet, désormais, à la Banque de France d'acheter des monnaies, notamment sur le territoire français et en ce qu'il lui permet de procéder à des achats d'or et de devises.

Si l'on veut, en effet, stabiliser la monnaie, si l'on veut opérer l'assainissement, il est indispensable que notre grande banque d'émission s'occupe de l'entreprise et y travaille activement. Il lui faut une masse de manœuvre, et il faut aussi que pour le moment de la stabilisation, elle arrive à posséder des devises pour gager sa monnaie de papier.

Malheureusement, le projet ne s'en tient pas là; dans son article 3 il décide que « les billets émis par la Banque de France pour un montant correspondant aux monnaies, à l'or et aux devises achetées ne sont pas comptés dans le contingent d'émission fixé par la loi du 4 décembre 1925, modifiée par la loi du 22 juillet 1926 ».

C'est-à-dire qu'il est permis à la Banque de France d'élever automatiquement le plafond de la circulation, sans avoir besoin de recourir au Parlement, dans la mesure où elle achète de l'or et les devises appréciées.

Cette disposition correspond à une idée qui est contenue déjà dans le rapport des experts. Vous vous en souvenez, le rapport des experts, après avoir fixé le plafond définitif des avances faites à l'Etat s'exprime ainsi (p. 46) :

« Ceci fait, la fixation d'un maximum rigide à la circulation n'a plus de raison d'être. Il présente, en effet, de sérieux inconvénients pour l'activité commerciale et peut gêner la Banque de France dans l'achat des devises et de l'or nécessaires pour fortifier son encaisse. » — C'est bien le cas dont il s'agit. — « Il appartiendra à l'Etat et à la Banque de France de trouver dès à présent un système plus souple que le système actuel, en attendant que la stabilisation légale permette la fixation d'une proportion entre l'encaisse (or et devises) et la circulation. En tout cas, les billets émis désormais en contre-partie des achats d'or ou de devises ne seront pas comptés dans le calcul du maximum de la circulation. »

C'est le principe même posé par le projet que nous discutons. Vous vous le rappelez, lorsque le rapport des experts fut connu de nous, ce passage éveilla des susceptibilités ; et immédiatement on se dit : sous une forme détournée, c'est là le retour au plafond unique, dont notre collègue M. Piétri avait autrefois défendu le système comme une vue de l'esprit, sans songer à des réalisations pratiques immédiates, et auquel il ne serait peut-être pas revenu si le Gouvernement auquel il appartenait n'avait adopté le programme des experts.

M. Piétri. J'avais cependant prédit que l'on finirait par là.

M. Chabrun. Mon cher collègue, vous voyez que, par un détour, on revient à vous.

M. le président du conseil. Il y a bien des prédictions et des prédisants dans cette Assemblée. (*Sourires.*)

M. Chabrun. Je suis cependant étonné que M. le président du conseil et ses collaborateurs, qui, autrefois, se sont tous élevés contre le plafond unique, n'aient pas vu là un danger. Je ne dis pas que ce danger ne soit pas habilement dissimulé, mais il n'en reste pas moins que le danger existe, puisqu'on donnera à la Banque de France la possibilité d'émettre des billets au delà du maximum légal de la circulation. Que deviendront ces billets ? S'ils sont à l'étranger, ce sera un flottant dangereux ; s'ils restent à l'intérieur, ils créeront immédiatement une dépréciation de la monnaie et une hausse des prix.

J'entends bien, monsieur le président du conseil, que vous voulez rajuster le plafond tous les six mois, que vous voulez voir, au bout de six mois, s'il n'y aurait pas moyen de réduire les billets émis par la Banque de France. Permettez-moi de vous dire que vous ne trouverez jamais ce moyen, parce que les billets auront été emportés dans le mouvement de l'économie générale; l'économie générale les aura intégrés dans les prix, et, désormais, ce que la Banque de France aura émis restera émis.

On dit : « Il n'y a pas de danger à cela, parce que ces billets sont des billets gagés ».

Gagés, c'est entendu ! mais pas plus gagés que les autres.

M. LE PRÉSIDENT DU CONSEIL. Gagés comme les autres, dans la même proportion.

M. CHABRUN. Je ne pense pas que vous les émettiez au pair. Vous les émettrez au taux du change ou à un taux moyen de change, c'est-à-dire que si votre encaisse-or augmente, leur volume, proportionnellement, augmentera. Nous resterons dans l'inflation, comme auparavant.

M. GUÉRIN. Pas plus qu'auparavant.

M. CHABRUN. D'autre part, cette idée de la monnaie papier gagée est, à mon sens, une idée quantitative de la monnaie, une idée spécialement bancaire. Pour les banques, il est évident que, du moment qu'on a une monnaie qui repose sur quelque chose, cela suffit; et, en temps normal, je ne dis pas le contraire, cela suffirait. Mais, actuellement, il n'en est pas de même, car il ne suffit pas, pour qu'une monnaie soit saine, qu'elle soit gagée. Il faut que son volume soit en rapport avec l'économie que l'on veut faire, en harmonie avec l'économie nationale organisée en fonction de l'économie mondiale.

Dès lors, la multiplication des signes monétaires, quelle que soit sa cause, est périlleuse; même s'il s'agissait de signes or, il y aurait des dangers.

Souvenez-vous, messieurs, qu'à l'heure actuelle, en Amérique, on est obligé de ne pas faire figurer dans le bilan de la Federal Reserve Bank une partie de l'encaisse or, de peur de déprécier le dollar et de faire monter les prix.

C'est qu'en effet la monnaie, pour jouer son véritable rôle, doit être arrêtée à un taux déterminé et rester fixée à ce taux. Il faut qu'elle soit le volant régulateur de l'économie, que l'économie, si je peux employer cette expression, butte contre elle, et si elle veut franchir cet obstacle, qu'elle en soit totalement empêchée, si bien que, ne pouvant pas passer au delà, elle est obligée de s'accommoder au régime qui lui est imposé, c'est-à-dire de s'organiser.

On dit : « Lorsque la monnaie est convertible en or, il y a bien une certaine marge de circulation monétaire. » C'est entendu. Mais cette marge est elle-même limitée, puisque l'obligation de convertir existe. Par conséquent, il n'y a pas de danger qu'on la dépasse.

Mais dès que la convertibilité n'existe plus, dès qu'on est en présence de la monnaie papier au cours forcé, le volant régulateur cesse d'avoir une marche régulière. Le volant est affolé; et si vous vous prêtez à la pression de l'économie qui le pousse à un mouvement de plus en plus accéléré, vous faites du désordre.

Vous prétendez que les billets supplémentaires émis par la Banque ne constitueront pas de l'inflation ? Permettez-moi de ne pas prendre parti dans une querelle purement théorique. Je veux préciser simplement que si vous multipliez les billets, pour quelque cause que ce soit, vous multipliez le désordre économique. Si vous multipliez le désordre économique, vous ne pouvez pas arriver à assainir votre monnaie, à la stabiliser. Le moyen primordial que nous devons employer, étant donnée une monnaie comme la nôtre, c'est de prendre la résolution formelle de ne pas émettre un billet de plus, quelle que soit la cause, si légitime qu'elle paraisse.

Cela ne suffit pas. Il faut arriver à la déflation. Mais si nous ne pouvons y atteindre dès maintenant, au moins devons-nous stabiliser le stock monétaire.

Ces idées, je ne suis pas seul à les avoir professées. Tout dernièrement, M. Luzzatti les exprimait dans un article du *Corrierre della Sera,* qui semble avoir été écrit pour la discussion de ce soir :

« A côté de la dette flottante, il y a la dette monétaire, plus dangereuse, parce qu'elle n'est pas à échéance, n'est pas productive d'intérêt, mais arrivée à une certaine hauteur, ronge secrètement et inexorablement la vie de l'Etat. Dans les récents débats à la Chambre française, le terrible problème des 55 milliards de francs en billets de banque n'a pas été examiné comme il aurait dû l'être; il semblait presque que les orateurs aient cherché à l'éviter.

« On a entendu affirmer même que la circulation des billets de banque n'influe pas sur les prix, ne déprécie pas le franc relativement aux monnaies étrangères saines pourvu qu'une nouvelle somme d'or corresponde à une nouvelle émission de billets... »

C'est notre cas.

« ...et ce n'est pas en France seulement que courent ces idées singulières...

« La France avec ses 55 milliards actuels de francs papier, ne peut être allégée que d'une manière : en diminuant courageusement ces sommes hyperboliques et en ne croyant pas qu'il soit possible d'améliorer le cours des billets en ajoutant quelques millions d'or à la réserve métallique. Si ces deux actes : diminuer la somme des billets et accroître la réserve d'or peuvent aller de conserve, tant mieux ; mais le point essentiel est la réduction de la masse des billets... »

Et vous-même, monsieur le président du conseil, au cours d'un article que vous avez publié, le 14 juillet dernier, dans la *Vanguardia*, de Barcelone, vous teniez un langage qui n'est guère différent.

Sans doute vous n'avez pas été aussi précis que M. Luzzatti. Néanmoins, vous avez émis nettement l'idée qu'il faut, pour arriver à la stabilisation et à l'assainissement, restreindre l'émission de billets et se garder de gonfler le stock monétaire.

Voici ce que vous écriviez :

« La stabilisation du franc, telle qu'ils (les experts) l'ont comprise et définie, a paru aléatoire et précaire. En effet, dans l'ensemble de leur programme, ils autorisent certains systèmes d'avances à l'État et certains moyens plus ou moins dissimulés d'émission de billets qui aboutiraient à une inflation dissimulée. »

M. LE PRÉSIDENT DU CONSEIL. Il n'y a rien de comparable ici. Il n'y a aucune avance à l'État.

M. CHABRUN. Vous ne parlez pas dans votre projet des avances à l'État, mais vous visez deux choses dans la citation que j'ai faite : des avances à l'État, et certains moyens plus ou moins dissimulés d'émission de billets.

M. LE PRÉSIDENT DU CONSEIL. D'émission de billets dans l'intérêt de la trésorerie, et c'est, en effet, ce que j'ai reproché à ce passage du rapport des experts. Il n'y a aucune assimilation à faire ici. Nous ne faisons rien dans l'intérêt de la trésorerie. C'est toute la question.

M. CHABRUN. Le rapport des experts dit textuellement ce que dit l'article de votre projet.

M. LE PRÉSIDENT DU CONSEIL. Pas du tout ! Il y a dans le rapport des experts des procédés que je n'approuve pas, pour alimenter la trésorerie. C'est tout autre chose. C'est là qu'est le danger,

M. CHABRUN. Et ces procédés, je me hâte de dire que vous n'y recourez pas.

M. le PRÉSIDENT DU CONSEIL. Nous sommes en matière monétaire. Nous avons réglé la question du budget et la question de la trésorerie. Je m'expliquerai d'ailleurs sur ces points.

M. CHABRUN. En d'autres termes, vous ne favorisez pas l'inflation d'Etat. Mais, pour employer le véritable terme, en le prenant dans son sens technique qui n'est pas aussi défini que je voudrais, c'est l'inflation commerciale que vous favorisez.

M. LE PRÉSIDENT DU CONSEIL. Si c'était exact, je vous dirais que vous en avez voté une ce matin pour l'Algérie, et que vous avez constaté qu'il y avait nécessité à le faire.

Mais ce n'est pas exact du tout. Je vous le prouverai tout à l'heure. Il n'y a aucune inflation.

M. CHABRUN. Vous ajoutiez :

« C'est ce qui est apparu d'une façon lumineuse aux yeux de M. Léon Blum. La Chambre commencera à comprendre, malheureusement un peu tard, que la crise au milieu de laquelle elle est en train de se débattre provient surtout de la série d'inflations à laquelle elle a consenti depuis deux ans... »

M. LE PRÉSIDENT DU CONSEIL. C'est incontestable.

M. CHABRUN. « ... et elle ne paraît pas disposée à retomber dans la même erreur.

« Les experts, tout en reconnaissant que la stabilisation n'est pas l'œuvre d'un jour, mais un but encore très éloigné, ont paru prendre un peu facilement le parti d'une stabilisation en baisse, avant tout effort de redressement monétaire... »

M. LE PRÉSIDENT DU CONSEIL. Vous voudrez bien reconnaître que ce n'est pas le parti que nous avons pris.

M. CHABRUN. C'est entendu, monsieur le président du conseil. Mais toute la critique ne porte pas contre vous. Je ne retiens de cette critique que ce qui vous concerne.

M. LE PRÉSIDENT DU CONSEIL. Vous changez le sens de mon article. Vous le lisez en français, il a été écrit en espagnol. (*Sourires.*)

M. CHABRUN. Je le regrette. Vous rectifierez la traduction, si elle est fausse.

M. LE PRÉSIDENT DU CONSEIL. Non, elle est excellente.

M. CHABRUN. Vous disiez même ceci :

« Toute émission de billets amènerait fatalement une hausse de tous les prix, en rapport avec le cours des changes, et aurait pour conséquence fatale de nouveaux besoins de billets, c'est-à-dire de nouvelles inflations. »

C'est sur ce point que nous sommes d'accord.

D'ailleurs, messieurs, au moment de la stabilisation, que deviendront les stocks d'or ou de devises que la Banque aura ainsi accumulés ?

Pour les besoins de la stabilisation, ces stocks devront, en partie, être aliénés.

Le jour où ils le seront, les billets que vous aurez émis en vertu de l'acquisition de ces stocks seront-ils gagés, alors que vous aurez abandonné une partie de votre or ou de vos devises ?

M. LE PRÉSIDENT DU CONSEIL. J'ai expliqué à la commission qu'ils seraient annulés et qu'il y aurait une revision semestrielle.

M. CHABRUN. Je crois que cette révision semestrielle sera illusoire, parce que les prix auront monté de telle manière que vous ne pourrez pas la faire.

M. LE PRÉSIDENT DU CONSEIL. On prendra les cours moyens.

M. CHABRUN. Je crains que vous ne perdiez d'un côté ce que vous aurez gagné de l'autre.

Il me paraît sur ce point impossible de vous suivre, pas plus que je n'ai pu vous suivre quand vous nous avez demandé de voter un type d'impôts dont je connais trop l'influence sur les prix.

Toute besogne d'assainissement nécessite un arrêt de l'inflation, et une déflation qui doit la suivre.

Il faut choisir entre l'inflation et la déflation. Vous ne pouvez pas employer les deux systèmes à la fois.

Inflation, qu'est-ce que cela signifie au juste ? On discute sur le terme. Disons simplement ceci : la multiplication des billets est dangereuse. Il ne faut l'accepter à aucun prix, sous aucun prétexte. Si, sur ce point, je ne puis vous suivre, monsieur le président du conseil, c'est dans l'intérêt même de l'œuvre que vous avez entreprise. (*Applaudissements sur plusieurs bancs à l'extrême gauche et à gauche*).

TABLE DES MATIERES

I

Les moyens employés

II

Une autre méthode

Quatre discours prononcés à la Chambre sur la question financière

LIBRAIRIE FELIX ALCAN

ALBIN (Pierre). — **Le Coup d'Agadir.** 1 vol. in-16.
— **La Guerre allemande.** *D'Agadir à Sarajevo* (1911-1914). 1 vol. in-16.
— *La Paix Armée.* **L'Allemagne et la France en Europe** (1885-1894). In-16
— **La Conférence de la Paix,** *Paris-Versailles, Janvier-Juin 1919.* 1 vol. in-4°
— **Les Grands Traités politiques, de 1815 à nos jours.** 1 vol. in-8. 3e édit.
AULNEAU (J.). — **Le Drame de l'Allemagne,** avec préface de M. RAOUL PÉRET. 1 vol. in-16.
BARDOUX (Jacques), de l'Institut, professeur à l'Ecole des Sciences Politiques. — **La Marche à la Guerre.** 1 vol. in-8.
— **De Paris à Spa.** *La Bataille diplomatique pour la Paix française (Février 1919-Octobre 1920).* 1 vol. in-8.
— **Lloyd George et la France.** 1 vol. in-8.
BOREL (E.), député. — **Organiser.** 1 vol. in-16.
BOURGEOIS (Léon). — **Le Traité de Paix de Versailles.** 1 vol. in-8.
GUYOT (Edouard), professeur à la Sorbonne. — **Le Socialisme et l'Evolution de l'Angleterre contemporaine** (*1880-1914*). 2e édit. 1 vol. in-8.
JOSEPH-BARTHELEMY, député, professeur à la Faculté de droit de Paris.
— **Les Institutions politiques de l'Allemagne contemporaine.** In-16.
LAURENT (Marcel). *L'organisation de la Victoire.* **Nos Gouvernements de Guerre.** *Viviani, Briand, Ribot, Painlevé, Clémenceau.* 1 vol. in-16.
LHERITIER (A.), agrégé d'Histoire. — **La France depuis 1870.** 1 vol. in-16
MARCERE (Ed. de). — **La Prusse et la Rive gauche du Rhin.** Le Traité de Bâle (1794-1795). 1 vol. in-16.
MARTIN (William). — **La Crise politique de l'Allemagne contemporaine.** 1 vol. in-16.
La Politique républicaine, par AUGÉ-LARIBÉ, Aimé BERTHOD, Emile BOREL, C. BOUGLÉ, Ed. DALADIER, DEMANGEON, G. DUMAS, Edouard HERRIOT, G. JEZE, L. LÉVY-BRUHL, Paul PAINLEVÉ, Charles RIST, Ch. SEIGNOBOS, Georges SCELLE. 1 vol. in-16.
Les Finances publiques de la France, par Georges BONNET, Louis DAUSSET, Jacques DUBOIN, Octave HOMBERG, Lucien LAMOUREUX, Adolphe LANDRY, Bertrand NOGARO, François PIÉTRI, Robert WOLFF.
RAMON (Gabriel). — **Comment « faire la paix »** (prix du concours français de la paix). 1 vol. in-16.
Les Réformes politiques de la France. Conférences faites à l'école des Hautes Etudes sociales sous la présidence de M. Henry de Jouvenel, par MM. Louis LOUCHEUR, Georges LEYGUES, A. de MONZIE, Paul REYNAUD, H. LÉMERY, Henry de JOUVENEL. 1 vol. in-8.
SCHEFER (Ch.), professeur à l'École des Sciences politiques. **D'une Guerre à l'autre.** *La politique extérieure de la Troisième République (1871-1914).* 1 vol. in-8.
WELSCHINGER (Henri), de l'Institut. **Bismark.** 1 vol. in-8.
YVES-GUYOT, ancien ministre. — **Les Causes et les Conséquences de la Guerre.** 1 vol. in-8, 2e édition.
— **Politique Parlementaire et Politique Atavique.** 1 vol. in-16.

IMP. LES PRESSES UNIVERSITAIRES DE FRANCE, PARIS

www.ingramcontent.com/pod-product-compliance
Ingram Content Group UK Ltd.
Pitfield, Milton Keynes, MK11 3LW, UK
UKHW020245180726
13839UKWH00001B/189